地域で愛される
子ども食堂
つくり方・続け方

飯沼直樹
静岡市子ども食堂ネットワーク理事長

SHOEISHA

● 静岡市子ども食堂ネットワークの紹介

活動紹介①
元民生委員が立ち上げた子ども食堂

■ 竜南ひまわり子ども食堂　　学習支援　食育　体験学習

コンセプト｜みんなが楽しかった、おいしかった、来てよかったと言える場所に

主催者
50代女性、
元民生委員

知人からすすめられて町内で仲間を募って声がけをしたところ、あっという間に賛同者が集まり、子ども食堂を開催することになりました。手間暇を惜しまず、素材にこだわった手作りデザートが評判です。食品衛生責任者の指導のもと、徹底した衛生管理を行っています。また、月1回の子ども食堂開催終了後にミーティングを行い、より良い運営を目指しています。

学習支援は毎回開催しています。スタッフの中に、元学校関係者もおり、また、学生スタッフとして勉強を教えてくれるお兄さん、お姉さんが参加してくれることもあります。

🍎 子ども食堂データ

開設情報	開設した年／月：2016年4月、開催頻度：1回／月
開催場所	神社の集会所
料金	子ども無料・大人300円
参加人数	約40人／回（幼児～小学生とその保護者〔保護者・幼児は1割程度〕）
参加スタッフ	約10人／回（スタッフの中に、食品衛生責任者、調理師、元学校関係者含む）
受けている支援	旬の野菜、定期的な寄付金を地域の方からいただいています。また、静岡市子ども食堂ネットワークより、食材費、保険対応、寄付品の支給などの運営支援を受けています。

■：毎回実施している活動　　■：ときどき実施する活動

活動紹介②

仕事と育児を頑張るお母さんが立ち上げた子ども食堂

■ 丸子せんマル子ども食堂

学習支援 **食育** 体験学習

| コンセプト | お父さん、お母さん以外にも自分のことを気にかけている大人がいることを知ってほしい |

主催者

30代女性、
事務・接客業等

丸子の子どもたちが「ここで育ってよかった」と思ってほしいという気持ちで始めましたが、活動を続ける中で、私たち自身の、この地域と子どもたちへの愛着が以前にも増して湧いてきました。怪我に気をつけながら、子どもたちのいい思い出を作っていきたいと思っています。

開催時間中はずっと元気な子どもたち。大人も全力で一緒に過ごします。

コンセプトを実現するために、子どもたちとスタッフなど地域の大人との交流の時間を大切にしています。

🍎 子ども食堂データ

開設情報	開設した年／月：2016年9月、開催頻度：1回／月
開催場所	公民館
料金	子ども無料・大人300円
参加人数	約45人／回（幼児～小学生とその保護者〔保護者・幼児は1割程度〕）
参加スタッフ	約6人／回（スタッフの中に、食品衛生責任者含む）
受けている支援	地元の企業、飲食店からデザートや食材の寄付を受けています。また、静岡市子ども食堂ネットワークより、食材費、保険対応、寄付品の支給などの運営支援を受けています。

いずれの情報も、2017年12月時点の内容となります

● 静岡市子ども食堂ネットワークの紹介

活動紹介③

料理教室の先生が立ち上げた子ども食堂

■ 麻機ベーテル子ども食堂

学習支援　食育

コンセプト　地域の人々と、子どもたちとの交流活性化

主催者
市内で料理教室を開催している女性

今の子どもたちに何か自分ができることをしたいと思い、子ども食堂を立ち上げました。苦手な食べ物にもチャレンジできるよう、近くの商店から分けていただいた地元の野菜を中心に、お肉、お魚、野菜のバランスがよく、おいしい家庭料理を提供することを意識しています。

野菜が苦手な子も一口はチャレンジしてくれます。美味しい！と残さず食べてくれたときにはガッツポーズ。お腹いっぱい食べる姿を楽しく見ています。

食べたくなるような盛り付けを意識
見た目が華やかになるように、盛り付けにも工夫をしています。

🍎 **子ども食堂データ**

開設情報	開設した年／月：2016年10月、開催頻度：1回／月
開催場所	公共施設
料金	子ども無料・大人300円
参加人数	約15人／回（幼児〜小学生とその保護者［保護者・幼児は1割程度］）
参加スタッフ	約3人／回（スタッフの中に、食品衛生責任者含む）
受けている支援	形が悪かったり、熟れすぎて出荷できない野菜・果物を近くの商店から分けていただいています。また、静岡市子ども食堂ネットワークより、食材費、保険対応、寄付品の支給などの運営支援を受けています。

■：毎回実施している活動　　■：ときどき実施する活動

活動紹介④

管理栄養士が立ち上げた子ども食堂

■ 飯田子ども食堂

食育 体験学習

コンセプト おいしい食事で成長期に必要な栄養をとってほしい

主催者
40代女性、管理栄養士

子どもたちを取り巻く食環境が多様化し、健康や食文化の継承等への影響が懸念される中、子ども食堂が食を伝える場になると考えて開催に至りました。
成長期に必要な栄養がおいしく摂取できるよう、献立には旬の食材や伝統的な乾物などを積極的に使用しています。

だしはかつお節や煮干しなどの食材から取り、薄味で素材の味を大事にすることを基本にして調理を工夫しています。

みんなそろって「いただきます」をして食べます。クリスマスにはサンタクロースの格好をしたスタッフが子どもたちにプレゼントを配り、にぎやかに過ごしました。

🍎 子ども食堂データ

開設情報	開設した年／月：2016年10月、開催頻度：1回／月
開催場所	公共施設
料金	子ども無料・大人300円
参加人数	約30人／回（幼児～小学生とその保護者〔保護者・幼児は1割程度〕）
参加スタッフ	約7人／回（スタッフの中に、食品衛生責任者、調理師、管理栄養士を含む）
受けている支援	静岡市子ども食堂ネットワークより、食材費、保険対応、寄付品の支給などの運営支援を受けています。

いずれの情報も、2017年12月時点の内容となります

● 静岡市子ども食堂ネットワークの紹介

活動紹介⑤

地域を愛するお母さんたちが立ち上げた子ども食堂

■ 長田南しらす子ども食堂

食育 体験学習

| コンセプト | 食事を通じて子ども同士や地域の大人たちとの交流を深める |

主催者
地元の主婦、お母さんたち

子ども食堂の活動を知って、地域に必要だと感じて立ち上げました。コンセプトが実現できるように、学年やクラスに関係なく楽しく遊べる居場所づくりを意識して活動しています。まだ活動が始まったばかりですが、子ども食堂が地域に根付くように、地域のボランティアの方が声がけをしてくださり、活動を広めてくれています。

まだ始まったばかりの長田南しらす子ども食堂。子どもたちも初めてで少し緊張していましたが、徐々に楽しんでくれるようになりました。遊びや体験企画を取り入れて、これからもっと楽しい場所にしていきます！

ありがたい地元の方々の協力
会場がわかりにくいと大きな看板を手作りしてくれたり、開催当日に入り口で声をかけていただいたりと、活動に協力していただいています。

🍎 子ども食堂データ

開設情報	開設した年／月：2017年9月、開催頻度：1回／月
開催場所	漁協の会議室
料金	子ども無料・大人300円
参加人数	約30人／回（幼児〜小学生とその保護者〔保護者・幼児は1割程度〕）
参加スタッフ	約5人／回（スタッフの中に、食品衛生責任者を含む）
受けている支援	静岡市子ども食堂ネットワークより、食材費、保険対応、寄付品の支給などの運営支援を受けています。

■：毎回実施している活動　　■：ときどき実施する活動

活動紹介⑥

市議会議員が立ち上げた子ども食堂

■ 大里西ききょう子ども食堂

食育

| コンセプト | 子育て支援／子どもたちの居場所づくり |

主催者
市議会議員、女性

人口減少、少子高齢化、核家族化により、社会は大きく変わってきています。子育て世代も共働きの家庭が増え、また、その働き方によっては、子どもたちにしわ寄せがきています。子どもの孤食を防ぎ、学校でもない家庭でもない第三の居場所を作り、そこに集い寄り添うことにより、そこから見えてくる本当に必要な子育て支援をみつけていきます。

この日は、市内の大学に通う学生がボランティアとして参加。
子どもたちとトランプをしたり、一緒に宿題をして過ごしました。

ドキドキの初開催を終えて

地元のお母さんたちが口コミで友人や知り合いに声をかけてくれました。そのおかげで、初めての開催で、しかも場所の周知が十分でない中でも、子どもたちが食事しに来てくれました。

🍎 子ども食堂データ

開設情報	開設した年／月：2017年10月、開催頻度：1回／月
開催場所	お寺の会館
料金	子ども無料・大人300円
参加人数	約20人／回（幼児〜小学生とその保護者（保護者・幼児は1割程度））
参加スタッフ	約7人／回（スタッフの中に、食品衛生責任者を含む）
受けている支援	静岡市子ども食堂ネットワークより、食材費、保険対応、寄付品の支給などの運営支援を受けています。

いずれの情報も、2017年12月時点の内容となります

国・都道府県による、「子ども食堂」支援施策の例
(ボランティア・NPOなど、民間団体が対象のもの)

内閣府ホームページ「国及び地方公共団体による「子供の居場所づくり」を支援する施策調べについて」より、国・都道府県が担当であり「子ども食堂」との関連が深いと考えられるものを抜粋しました。なお、この他にも市区町村が担当している子ども食堂支援施策も多くありますので、同ホームページを確認するか、お住まいの市区町村に直接お問合せください。

※掲載内容は資料公開時点(2017年4月)の情報です。2018年度以降の施策実施予定などの最新情報は、記載している連絡先にて確認をお願いいたします

担当課・連絡先	施策名・予算額	支援対象(支援を受けられる方)	支援の概要(趣旨・補助率等)
内閣府 子どもの貧困対策担当	子供の未来応援基金(民間資金による)	公益法人、一般法人、NPO又は任意団体で、子供の貧困対策のための事業(金銭を直接給付する事業又は貸与する事業を除く)を行うもの	子供の貧困対策のための事業に必要な経費を交付する。上限額500万円。事業の実施に必要な経費であれば、費目は問わない。http://www.kodomohinkon.go.jp/fund/
群馬県 こども未来部子育て・青少年課	子どもの居場所づくり応援事業(H29年300万円)	子どもの居場所づくり事業に取り組む民間団体	子ども食堂や無料学習塾の新規の立ち上げや機能の追加に要する費用に対する補助。定額:1団体20万円以内
新潟県 福祉保健部児童家庭課	子どもの居場所づくり事業(H29年604万円)	社会福祉法人、NPO法人等	子どもが安心して生活できる居場所を確保し、地域の子どもを地域で見守り育む取組を支援する。①子どもの居場所アドバイザー派遣、②衛生管理・安全確保体制整備、③居場所開設環境整備 ※②③について1団体あたり1回のみ、上限額20万円(補助率10/10)
富山県 子ども支援課	子どもほっとサロン事業(H29年140万円)	町内会等の地域住民団体、ボランティア・NPO活動を行う組織、団体、その他知事が適当と認める団体	こども食堂と子どもの居場所づくり活動を併せて行う活動の立上げ及び初期の運営に必要な経費を市町村とともに支援 <補助基準額>1箇所当たり20万円<補助率>県1/2、市町村1/2 http://www.pref.toyama.jp/cms_sec/1201/kj00017693.html
長野県 県民文化部こども・家庭課家庭支援係	信州子どもカフェ推進地域プラットホーム構築・運営事業(H29年574万円)	市町村、子育て支援団体等の信州こどもカフェ設置への参加希望者	「信州こどもカフェ」の設置に向けた広報活動や会場及び学習支援ボランティアの確保への協力、効率的・効果的な運営のためのセミナー・研修会の実施 http://www.pref.nagano.lg.jp/kodomo-katei/hitorioya/ibasyohome.html
滋賀県 子ども・青少年局	みんなで淡海子ども食堂をつくろう!応援事業(H29年1,000万円)	地域のなかで継続して子ども食堂に取り組もうとする団体 ※県社会福祉協議会の助成事業の対象	子ども食堂の開設および運営にかかる経費を、県社会福祉協議会を通じて助成(初年度20万円、2年目・3年目10万円) ※県社会福祉協議会が実施している助成事業にかかる原資について県が補助

担当課・連絡先	施策名・予算額	支援対象（支援を受けられる方）	支援の概要（趣旨、補助率等）
京都府 健康福祉部家庭支援課母子・父子担当	きょうとこどもの城づくり事業（きょうと子ども食堂） （H29年2,600万円）	法人及び任意団体（財団法人、NPO法人、自治会、協議会等）	様々な課題（生活困窮世帯・ひとり親家庭等）を抱える子どもと同伴するその保護者が気軽に利用できるよう、無償又は低廉な価格で食事の提供等を行う食堂の開設・運営を支援する。 ＜運営費支援＞・補助率：2/3・補助額：1万円×実施日数（上限150日）、又は実際にかかった経費の2/3のいずれか低い額 ＜開設費支援＞・補助率：2/3・補助額：20万円又は実際にかかった経費の2/3のいずれか低い額
兵庫県 健康福祉部社会福祉局生活支援課	「子ども食堂」応援プロジェクト （H29年300万円）	兵庫県内で「子ども食堂」を開設しようとする団体	（1）補助金額：1団体あたり上限20万円 （2）補助内容：「子ども食堂」立上げに必要な経費（調理器具、家具及び食器購入費等）
奈良県 健康福祉部こども・女性局こども家庭課	子ども食堂開設・運営支援事業 （H29年300万円）	県内で「子ども食堂」を運営する団体	・「子ども食堂」の開設・運営に要する経費に対し補助 ・対象期間：事業開始から1年間
和歌山県 子ども未来課こども食堂支援担当	和歌山県こども食堂支援 （H29年200万円）	食事の提供等により子供の居場所づくりを行う団体	居場所づくりに必要となる建物改修費、備品購入費等（空調設備、電化製品、調理台、食卓など）を補助する。補助率：1/2、上限額：1か所あたり20万円 http://www.pref.wakayama.lg.jp/prefg/040200/kodomoshokudoshien.html
鳥取県 福祉保健部ささえあい福祉局福祉保健課	「子どもの居場所づくり」推進モデル事業 （H29年950万円）	市町村又は民間団体等	行政等の支援機関との連携に取り組む子どもの居場所づくりを、モデル的に支援する。 ・事業立ち上げ支援（補助率：県2/3市町村1/3） ・運営費（補助率：県1/2市町村1/2）
高知県 地域福祉部児童家庭課企画・青少年担当	高知県子ども食堂支援事業費補助金 （H29年581万円）	民間団体	子ども食堂の立ち上げや運営にかかる経費に対して助成する ①開設（上限10万円）、②開設にかかる修繕（上限15万円）、③運営事業費（1回につき上限6,500円、定期開催月4回分まで、長期休暇期間のみ開催週3回分まで） http://www.pref.kochi.lg.jp/soshiki/060401/2017032600069.html
福岡県 福祉労働部保護・援護課生活困窮者自立支援係	子どもへの食品提供事業 （H29年260万円）	NPO法人や社会福祉法人等	企業から無償提供された食品を、生活困窮世帯の子どもに対する学習支援事業等に参加する子どもに提供する。県は、学習支援事業実施団体に対し、事業の立ち上げに要する経費（配送委託、衛生管理備品、その他需用品等）を補助する。（補助率10/10）上限額20万円。1か所につき1年間。
佐賀県 男女参画・こども局こども家庭課ひとり親家庭担当	子どもの居場所ネットワーク形成事業費 （H29年207万円）	県内で子どもの居場所づくりに関わる者、今後関わろうとする者（市民団体（CSO等）、民間企業、一般県民等）	地域における「子どもの居場所づくり」を推進するために、取組を行っている団体や関心を持つ団体の意見交換や情報提供を行うことについて支援を行う。
沖縄県 子ども生活福祉部子ども未来政策課	沖縄県子どもの貧困対策推進交付金 （H29年4.1億円の内数）	市町村	市町村の行う子どもの貧困対策に関する事業を支援する。（補助率3/4）

出典：内閣府「国及び地方公共団体による「子供の居場所づくり」を支援する施策調べについて」
（http://www8.cao.go.jp/kodomonohinkon/shien/index.html）

はじめに

　日本の児童の6人に1人が貧困状態にあるというショッキングなデータが「国民生活基礎調査2012年」で発表され、子ども食堂はそうした経済状態の厳しい環境に置かれている子どもたちを救済する活動として取り上げられてきました。

　しかし現在では、子ども食堂は貧困支援だけでなく、子育て支援、食育、地域活性化などさまざまな活動へと広がりを見せ、子ども食堂の運営者の思いと地域の要望を救い上げる形で進化と変化を続けています。このことは、巻頭で紹介している「静岡市子ども食堂ネットワーク」の子ども食堂が、さまざまな立場の主催者たちによって多様なコンセプトを掲げて運営されていることからも感じてもらえると思います。

　私たちは、今までに6つの子ども食堂の設立・運営のサポートを行ってきました。その中で、地域に求められる存在となり、活動が根付いていくためには、自分たちの思いを大切にしつつも、参加する子どもたちや保護者の声をよく聞いて「その地域で必要とされる」活動を盛り込んでいくことが必要なのだと実感するようになりました。

　本書では、子ども食堂を始める準備から開催当日の運営、そして活動を継続していくためのポイントをわかりやすく解説するとともに、「その地域で必要とされる」活動の盛り込み方についても紹介しています。

子ども食堂を運営するうえで必要な考え方や、向き合わなければいけない問題や落とし穴になりそうな事柄への対応策、さらには地域の理解と協力を得るための方法など、参考となるノウハウをできるかぎり詰め込んだつもりです。

　これから子ども食堂を始める方、運営する中で問題に直面している方、そして、子ども食堂のことを「もっと知りたい」という方にも、ぜひ役立てていただきたいと思います。

　なお、掲載している情報は私たちの経験がもとになっており、目指す子ども食堂の方向性や開催地域の環境などによっては、紹介している解決策があてはまらないような問題に直面することもあると思います。そんなときも、本書を参考にして地域のさまざまな方々の理解と協力を得ていれば、必ず乗り越えていけると思います。

　立ち上げや運営に関するさまざまな悩みや問題点が本書を通じて解決し、子ども食堂という素晴らしい活動があなたの地域に根付くお手伝いができれば幸いです。

2018年1月
静岡市子ども食堂ネットワーク理事長
飯沼 直樹

目 次

静岡市子ども食堂ネットワークの紹介

活動紹介① 元民生委員が立ち上げた子ども食堂
（竜南ひまわり子ども食堂） ……… 2

活動紹介② 仕事と育児に頑張るお母さんが立ち上げた子ども食堂
（丸子せんマル子ども食堂） ……… 3

活動紹介③ 料理教室の先生が立ち上げた子ども食堂
（麻機ベーテル子ども食堂） ……… 4

活動紹介④ 管理栄養士が立ち上げた子ども食堂
（飯田子ども食堂） ……… 5

活動紹介⑤ 地域を愛するお母さんたちが立ち上げた子ども食堂
（長田南しらす子ども食堂） ……… 6

活動紹介⑥ 市議会議員が立ち上げた子ども食堂
（大里西ききょう子ども食堂） ……… 7

国・都道府県による、「子ども食堂」支援施策の例 ……… 8

はじめに ……… 10

第1章
貧困支援だけじゃない。子ども食堂でできること

1. 笑顔があふれる子ども食堂をつくりたい ……… 18
2. なぜ今、子ども食堂が必要とされているのか？ ……… 20
3. 子育て支援の場としての子ども食堂 ……… 22
4. 地域活性化の場としての子ども食堂 ……… 26
5. 理想の子ども食堂をイメージしてみよう ……… 29
   - **コラム**　「私が子ども食堂を立ち上げた理由」① ……… 31

第2章
子ども食堂のはじめ方

フローチャート
子ども食堂の立ち上げまでにすべきこと一覧 ……… 35

1. 子ども食堂のコンセプトを考えよう ……… 36
2. 地域のニーズを把握し、コンセプトをブラッシュアップしよう ……… 41

3	お金の計画を立て、活動内容を具体化しよう	44
コラム	「私が子ども食堂を立ち上げた理由」②	51
4	お金を調達する方法を考えて、実行しよう	52
5	開催エリアと会場を決定しよう	57
6	スタッフを募集しよう	62
7	行政・企業などに相談して情報を収集しよう	66
8	衛生管理と危機管理。「もしも」の場合を想定しておこう	70
9	必要な保険には必ず入っておこう	76
10	開催地の学校・自治会などの協力を仰ごう	78
11	告知内容と献立を決定しよう	81
12	参加者を募集して、問い合わせに答えよう	84
コラム	「子ども食堂の立ち上げで苦労したこと」①	87

子ども食堂の運営の仕方

フローチャート
子ども食堂開催当日〜開催直後にすべきこと一覧 ……… 91

1 本番前にしっかり計画を立てよう ……… 92

目次

2 いよいよ本番、楽しくかつ安全に運営しよう ─── 96
3 よく出合うトラブル対処法〜子ども対応編〜 ─── 99
4 よく出合うトラブル対処法〜保護者・スタッフ編〜 ─── 103
5 事後の振り返り①反省会を行い運営の質を上げよう ─── 106
6 事後の振り返り②次回の計画を立てよう ─── 108
コラム　「子ども食堂の立ち上げで苦労したこと」② ─── 112

第4章
子ども食堂の続け方・広げ方

1 食事提供以外の活動に挑戦してみよう
　①学習支援・体験学習 ─── 114
2 食事提供以外の活動に挑戦してみよう
　②地域交流・世代間交流 ─── 118
3 配慮が必要な子ども・保護者との接し方の基本 ─── 121
4 タイプ別に見た、子ども・保護者との接し方 ─── 124
5 来てくれる子どもが増えないときにすべきことは？ ─── 128
6 参加人数が増えてきたときに考えるべきことは？ ─── 132
7 スタッフを増やす／継続してもらうためには？ ─── 134
8 連携団体・企業を増やす／継続してもらうためには？ ─── 138

目次

9 行政との関わり方のコツ ……………………… 141
10 継続のために、お金の問題を考えよう ……… 143
　コラム　「私が出会った子ども」① ……………… 147

第5章 立ち上げ／運営を行うあなたへ

1 今だけでなく、数年後を見据えて活動しよう ……… 150
2 子どもたちのために、という思いを貫こう ……… 153
3 子ども食堂を、みんなの居場所にしよう ……… 155
　コラム　「私が出会った子ども」② ……………… 158

貧困支援だけじゃない。子ども食堂でできること

子ども食堂でできることは、食事提供や子どもの貧困支援だけではありません。子育て支援や地域活性化など、子どもたちや保護者、そして地域社会のためになるようなさまざまな活動にチャレンジすることができます。この章では、そうした子ども食堂が秘めている可能性についてお話していきます。あなたなら、どんな子ども食堂をつくってみたいのか、ぜひイメージしてみてください。

1 笑顔があふれる子ども食堂をつくりたい

子ども食堂ってどんなところ？

　皆さんは「子ども食堂」と聞いて、どんな場所を思い浮かべますか。「経済状態が良くない子どもを食事の面から支援する場所」と答える人もいれば、「子どもが中心となり地域のみんなでワイワイご飯を食べる場所」と答える人もいるのではないでしょうか。私は、**地域に住んでいる子どもたちのための場であり、利益を追求することなく食事を提供する活動であれば、「子ども食堂」といってよい**と考えています。

　だからこそ、子ども食堂にはできることがたくさんあります。実際に、子どもの貧困支援だけでなく、ひとりでご飯を食べる「孤食」の対策や、お母さん・お父さんの子育て支援、さらには食育や地域活性化など、さまざまなテーマを掲げる子ども食堂が誕生してきています。

続けるにはノウハウが必要

　ただ、残念なことに、子ども食堂を立ち上げてみたものの、参加する子どもが集まらない、スタッフを確保できない、お金が続かなくなってしまったなどの理由で運営に行き詰まってしまった、という話も耳にします。私も実際に子ども食堂を立ち上げてみて、定期的に子どもたちを集めて安全な食事と楽しい場を提供する、という活動を継続するためには、一定のノウハウが必要だと強く感じました。

子ども食堂の運営に必要なノウハウの1例

- [ ] 地域のニーズを知るための方法／コンセプトの立て方
- [ ] お金の準備方法と使い方
- [ ] 参加する子どもの集め方／スタッフの集め方
- [ ] 安全・衛生管理の方法
- [ ] トラブルへの対処方法、運営改善のための仕組みづくり
- [ ] 子どもたちが喜ぶ献立・活動企画のつくり方、など

第1章 貧困支援だけじゃない。子ども食堂でできること

笑顔があふれる子ども食堂をつくろう

　私は2016年に子ども食堂を立ち上げて、現在では、静岡市で6つの子ども食堂の運営・サポートをしていますが、その過程は試行錯誤の連続でした。うまくいかなかったこと、失敗したことはたくさんありますが、そのたびに、スタッフの皆さんと改善を繰り返し、**今では多くの子どもたち、保護者、地域の皆さんが楽しみにしてくれる場をつくることができました**。

　この本では、今までの経験や反省点などを総動員して、**地域に愛される子ども食堂をつくり、継続していくためのノウハウを紹介していきます**。紹介している内容をヒントにして、子どもたちや地域の皆さんの笑顔があふれる子ども食堂をつくり上げていきましょう。

2 なぜ今、子ども食堂が必要とされているのか？

子ども食堂の数は、全国に500以上！

　子ども食堂は都市部から始まりました。都市部では地方に比べて、シングルマザー率が高く、また、子どもたちの経済格差も大きく、生活環境に課題を抱えた家庭も少なくありません。こうした状況を問題視した人たちが集まりそのような家庭の子どもたちに食事や学習支援、人とのつながりを提供しようとする活動が自然発生的に生まれていったのです。

　子ども食堂が多くの人から注目されるようになったのは、**日本の子どもの6人に1人が貧困**というショッキングな報道がきっかけでした。子どもたちが置かれている状況に共感が集まるとともに子ども食堂の取り組みがメディアに取り上げられたのです。そして、2017年現在では、**500を超える子ども食堂が都市部だけでなく、全国各地に次々と開設されています**。

子どもはもちろん、家庭、地域を支える場へ

　活動が全国へ広がっていくにつれ、それぞれの地域のニーズをくみ取る形で貧困支援以外のさまざまな取り組みが行われるようになりました。

　例えば、貧困率の低い地域では、食事提供の他、地域の高齢者と

の交流や体験学習などを通して、失われつつあった地域の交流を促進したり、地域の大人が子どもたちにさまざまな体験の場を提供したりする活動が積極的に行われています。現代ではなかなかみられなくなった**「地域での子育て」が子ども食堂を通じて実現している**のです。さらに、地元の企業や団体と連携し、提供する活動の質を高める子ども食堂も増えてきています。

このような活動は、少子化対策の一環として「子育てしやすいまちづくり」を目指す行政からも熱い視線が向けられています。

昔のような近所付き合いが失われつつある日本において、「家族以外の人たちとともに食事をする機会」が得られる子ども食堂への期待は今後ますます高まっていくと思います。

3 子育て支援の場としての子ども食堂

ひとりで子育てに悩む保護者は多い

　子育て支援についての期待は、子ども食堂を運営する中でも日々実感しています。現代では核家族化が進み、親族やご近所さんとのつながりが昔ほど強くはありません。そのような中で、子育てに悩みながら周囲に相談できないお母さん、お父さんも少なくないのです。特にお子さんが小学校に上がるときに不安になる保護者が多いようで、私たちの子ども食堂に参加したことでその地域の同年齢のお母さんと交流できたと感謝されたこともあります。

子ども食堂は幅広い世代と交流できる貴重な場所

　私たちの子ども食堂ではスタッフとして「シニア世代」、利用する子どもたちの「保護者の世代」、そして大学生や高校生などの「学生世代」と、さまざまな年代の方々に参加していただいています。核家族化や少子化が進む中で、子どもたちがシニア世代の方と一緒に食事をしたり、大学生や高校生のお兄さんやお姉さんと遊んだり勉強したりできる機会はとても貴重です。<u>普段接することの少ない世代の方々と一緒に、気取らずに食事やさまざまな体験を通じて交流することには大きな意味がある</u>と感じています。

子どもたちが「子ども食堂」で学べること

- 家ではしないお手伝いを子ども食堂で体験できる

- 食事の挨拶や学習支援のお礼などを、自然にちゃんと伝えるようになる

- 普段家庭では食べない食材や献立の料理を食べることができる

- 学校で教わるものとは違う勉強の仕方を学生スタッフなどから教わることで、子ども自身の気づきや発見につながる

- 昔の遊びなど、体験学習を通じて普段では経験できないことを学べる

家で学べないことが子ども食堂では学べる

　子どもたちは家庭や学校で、食事の作法などの生活習慣や、他者との交流の仕方などの社会性を身につけます。しかし、**各家庭で教える内容には、知らず知らずのうちに偏りが生まれてしまっていることもあります。**子ども食堂では「家族以外の人との交流」を通じて、上図のような学びの機会を得ることができます。

これらの内容は、主催する側が意識して行い、子どもたちに伝えている場合もありますし、全く意識していなかったのにもかかわらず、新鮮な気づきや学びが提供できていることもあります。**さまざまな立場や世代のスタッフが参加することによって、その子ども食堂には多様なルールや意見が持ち込まれます**。そうしたルール・意見の1つひとつが、普段家庭では経験できない学びの機会になるのだと思います。

「苦手」が克服できることも

　子どもたちと一緒にご飯を食べに来た保護者の中には「普段、家では絶対に食べない野菜を今日は食べている！」と驚かれる方もいらっしゃいます。また「家ではお代わりなんかしないのに、子ども食堂ではお代わりをしていてビックリした」という声を聞くこともあります。

　友だち同士やスタッフと一緒に食べる楽しさから、行動に「勢い」がつきやすいのだと思います。また、育児経験があるスタッフの「経験」も、こうした子どもたちの行動を引き出しているのだと思います。それは学習支援でも同様で、担当のスタッフの教え方が素晴らしく、それまで苦手だった部分が理解できることもあります。

　そうして子どもたちは「今日、子ども食堂で〇〇が食べられた！」「苦手だった〇〇ができるようになった！」と家に戻って保護者に報告します。

子ども食堂には子育てのヒントがいっぱい

　保護者は、子どもの変化を通じて**「こうして料理すれば食べてくれる」「こうした教え方なら理解してくれる」と学ぶこともできます**。食

子育て支援の一環としての子ども食堂

■ **保護者同士の　ネットワークができる**
・つながりがなかった同世代の保護者の交流の場になる

■ **子育てに関する　スキルアップができる**
・子育て経験が豊富な高齢スタッフや、学習支援スタッフなどの子どもの接し方を学ぶことができる

■ **食習慣や学習面で、子どもの成長を促すことができる**
・子ども食堂という場が子どもを刺激し、苦手なことにも挑戦するきっかけを提供することができる

■ **家庭以外のルールを　学べる**
・普段出会うことのない世代との交流により、多様な生活習慣や価値観に触れることができる

事担当のスタッフが可能な限りバランスの良い献立と子どもたちが食べやすい味付けを意識してくれているおかげで、普段食べない苦手な食材でも、子どもたちは新しい刺激として食べることができます。そのような献立のレシピやコツを直接調理担当のスタッフに聞くお母さんも少なくありません。そうしたことで大人同士の交流も生まれます。

　このように子ども食堂では、調理や学習支援などのノウハウをもつ方々や子育て経験豊富な地域の高齢者などと、子育てに奮闘する保護者を結びつけることができます。つまり、今ではなかなか見られなくなった「地域での子育て」を実現する場になっていると感じています。こうした子育て支援も、子ども食堂の大切なひとつのテーマだと考えています。

4 地域活性化の場としての子ども食堂

スタッフの「居場所」と「生きがい」を提供できる

　子ども食堂は、**参加するスタッフやさまざまな形で協力をしてくださる方々にとっても大切な「場」となります**。私たちの子ども食堂では、開催地域に住む団塊世代からそれ以上の年齢の女性がスタッフとしてたくさん参加してくれています。その中には「子育ての重責から解放されたのはいいけれど、たまには元気な子どもたちと触れ合いたい」「子どもたちや周りのスタッフから必要とされて、とっても楽しい」と目を輝かせながら話してくれる方もいます。

　自治会や町内会の活動と違い、子ども食堂の活動は持ち回りでもなければ強制力もありません。あくまで個人の思いで、地域の子どもたちのために参加してくれる方が多いので、皆さんの意識が高く、スタッフ同士の一体感が生まれやすいのだと感じています。そうして生まれた仲間意識も、スタッフが「この活動は自分にとって大切だ」と思ってくれることに影響していると感じています。

子ども食堂の活動は、自分の世界を広げる

　高齢者や主婦の中には、普段の生活のパターンが同じになりがちで、自分の目の届く範囲の物事にしか興味を示さなくなったり、新しい人間関係を構築する機会が減ったりしている人がいます。そのよう

地域活性化・世代間交流の場としての子ども食堂

- スタッフに「居場所」と「生きがい」を提供できる

- 孤立しがちな高齢者などに、地域コミュニティにつながるきっかけを提供できる

- 地域の人々に、自分の周りに住んでいる子どもや家庭の課題に気づくきっかけを提供できる

- 個人だけでなく、企業や行政などを巻き込み、連携や相互理解のきっかけを提供できる

さまざまな人々を巻き込むことで、地域で本当に必要とされる子ども食堂に成長していきます。そのために、どんな行動をすればよいのかは第2章以降で紹介しています。

な方々が子ども食堂に参加すると、多様な子どもたちの個性に触れたり、地域に住む子どもたちや家庭が抱える課題を知ったりして大きな刺激を受けます。そのことが、地域のさまざまな問題を考えるきっかけとなり、新しい活動を始めてさらなる交流へとつなげる人もいます。このように、<u>子ども食堂は、希薄になったといわれる地域コミュニティの活性化にも貢献できる</u>のです。

地域を巻き込むことで、地域に根付く活動になる

　私は子ども食堂は子どもたちだけのものだと思っていません。今まで紹介したように、「自分の居場所」だと思っているスタッフがいたり、子育ての参考になる場と考えている保護者の方がいたり、三世代交流の場としておじいちゃん・おばあちゃんが参加したりと、さまざまな人が子ども食堂に対し、それぞれの思いをもって集まっています。

　また、直接活動のお手伝いはできないけれど、金銭面で、あるは食材提供などを通じてサポートをしてくださる企業の経営者もいます。理念を共有し相談に乗ってくださる自治会や行政組織、教育機関、保健所、社会福祉協議などの方々もいます。

　このように、**地域をより良くしようという前向きな思いをもった多くの人が、子ども食堂を通じて連携したり互いに理解し合ったりすることで、地域に必要とされ、根付いていく活動になる**のだと信じています。そうした「必要とされる子ども食堂」であれば、食事提供だけだけではなく、もっと多くの活動や意味合いを含む進化した子ども食堂になれるはずです。

5 理想の子ども食堂をイメージしてみよう

子ども食堂の方向性はひとつだけじゃない！

　子ども食堂の基本的な形は自分の意思で集まった地域の子どもたちに食事を提供することです。これは皆さんのイメージから大きく離れていないと思います。ですが、今まで紹介してきたように、子ども食堂には食事提供以外にも、子どもたちや保護者、そして地域のためにできることがたくさんあります。そのため、<u>子ども食堂を立ち上げる人の思いや目標もさまざまです</u>。

自分なりの子ども食堂をイメージしてみよう！

　子ども食堂の立ち上げや、運営方針の見直しを行うにあたっては、まずは「誰のため」「何のため」という点を自分なりに考えることが大切です。そのときに、ひとつだけ守るべきことは、<u>その地域に住んでいる子どもたちのためのもの</u>であることです。この点だけは、最優先にするようにしましょう。

やりたいことは複数でも構わない

　「子ども食堂」の中身や方向性が、主催者の思いや地域性によって違ってくるのは自然な姿だと思います。逆にいえば**「地域の子どもた**

さまざまな子ども食堂の方向性と運営者の思い

■ **貧困支援**
例 おなかいっぱいご飯を食べてほしい

■ **孤食対策**
例 みんなで楽しくご飯を食べてほしい

■ **子育て支援**
例 夕飯を準備しなくてよい日をお母さんに提供したい

■ **学習支援・体験学習**
例 子どもたちに色々な経験をしてほしい

■ **三世代交流**
例 普段交流がない、おじいちゃん世代と触れ合わせたい

■ **地域活性化**
例 地域の人たちが定期的に集まる場をつくりたい

■ **食育、など**
例 地元の農産物のおいしさを知ってほしい

> 子ども食堂でできることはたくさんあり、どれを柱とするかによって、その方向性もさまざまです。柱は複数あっても構いません。

ちのために食事を提供する」という点さえ守っていれば、さまざまな思いや内容を盛り込んでいける自由さが子ども食堂にはあります。目的やゴールはひとつではなく、複数でも構いません。活動を続ける中で、子どもたちや地域社会の要望、スタッフの意思などをもとに目的やゴールを途中で増やしてもよいかもしれません。肌で感じ取った地域の問題と向かい合うことが、長く愛され、続けるためのポイントだと思います。

COLUMN コラム

「私が子ども食堂を立ち上げた理由」①

　私は静岡でバンビワゴンという団体を5年前に立ち上げました。バンビワゴンは「野外でも安全で快適にプライバシーを守りながら授乳やおむつ替えが行える車両の運用」を屋外でのイベントを中心に行う団体です。そうした子育て支援活動を行いながら約2年前、子ども食堂に関する記事をネットで見かけました。そこで、子ども食堂に「地域における育児支援の新しい形」を感じたのです。

　その後たくさんの子ども食堂を見学して、さまざまな団体が色々な思いを持って子どもたちのために地域に根差す努力をしていること、各団体の思いに合わせて貧困支援に限らずさまざまな活動が行われていることを知りました。同時に軽んじてはいけない項目があることにも気づきました。まず、地域の理解と協力を得ること、そして最低限「食中毒対応の保険に加入」することの2点です。私はこの2点を満たさねば「善意はあれど責任を果たしていない」活動になってしまうのではないかと危惧しました。

　しかし、実際に立ち上げを行ってみると、会場の確保や活動資金の調達、保険加入など、高いハードルを感じる事柄が多くありました。また、子ども食堂を継続的に行っていくには、現場で子どもたちや保護者と向き合いながら、みんなが安心して利用・活動できる体制づくりを行わなければいけません。この2つを両輪として実現しなければ活動の維持と拡大は実現できないと考えました。そこで私は、これから設立される新しい食堂にはノウハウを共有し体制づくりを支援する組織が必要と考え、静岡市子ども食堂ネットワークを立ち上げたのです。今現在、静岡市子ども食堂ネットワークは、基本的な価値観を共有しつつ、さまざまな目標を掲げた子ども食堂主催者さんたちと一緒に、市内で少しずつ子ども食堂を増やし、そのサポートを行っています。

（つづく　51ページへ）

memo

子ども食堂のはじめ方

第1章でイメージした理想の子ども食堂を、どうやって形にしていくのかを段階を追って紹介していきます。運営を行うためのお金の集め方など、複数のパターンが存在する項目もあるので、この章の内容をヒントにして、自分の環境や考え方にあった方法を選んでみてください。

1か月前	2か月前	3か月前				
STEP 11	**STEP 10**	**STEP 9**	**STEP 8**	**STEP 7**	**STEP 6**	

STEP 6 保健所に相談する
最初から最後まで良好な関係を築く必要があるのが保健所です。立ち上げ前に最初に相談を行い、その後もたびたび報告に行きましょう。

第2章8
70ページ

STEP 7 怪我や食中毒などが起きたときの対応方法を決定する
「安心・安全」な子ども食堂の運営は子どもたちと保護者の方々へのマナーです。何かあったときの備えをしておかなければ協力者も増えません。

第2章8〜9
70ページ

STEP 8 開催地域の自治会長・町内会長に報告する
地域の代表や顔役の方の理解がないと後々開催が難しくなっていきます。ご挨拶に行きましょう。活動の趣旨をちゃんと伝えておきましょう。

第2章10
78ページ

STEP 9 開催地域の中学校・小学校の校長先生に報告する
地域の子どもたちを一番知っている方々かもしれません。

第2章10
78ページ

STEP 10 告知方法・献立を決定する
開催のたびに告知を行うことになるので、無理せずに毎回できる告知方法を考えましょう。逆に献立は毎回変えることになるので「楽しみ」ながら考えましょう。

第2章11
81ページ

STEP 11 チラシを作成・配付する。問い合わせに答える
開催前の最後の仕事はチラシの配付、そして問い合わせなどへの対応です。誤解を生まないように情報を伝え、問い合わせに答えましょう。

第2章12
84ページ

子ども食堂の立ち上げまでにすべきこと一覧

開催までの時間

STEP 1（6か月前）
子ども食堂のコンセプトを決める
まずは中心メンバーで開催する子ども食堂の方向性を決定します。
第2章1～2　36ページ

STEP 2（5か月前）
お金の計画を立て、開催規模・頻度を決める
どのくらいのお金が準備できるのかを考えたうえで、無理のない規模と頻度を決めていきましょう。
第2章3～4　44ページ

STEP 3（4か月前）
開催エリアと会場を確定する
一度決めるとしばらくは変更が難しいのでさまざまな観点から総合的に判断しましょう。
第2章5　57ページ

STEP 4（3か月前）
スタッフ募集の声がけと確定してからの役割を決める
中心メンバー以外のボランティアスタッフの募集を開始し、仕事の割り振りを決定します。
第2章6　62ページ

STEP 5
市役所など、行政・団体に相談する
さまざまな情報を教えてもらえたり、相談に乗ってくれます。何度もお世話になるので立ち上げ前から相談に行きましょう。
第2章7　66ページ

地域の情報がほしい場合は **STEP5** を先に行ってもよいでしょう。

1 子ども食堂のコンセプトを考えよう

「誰のため」「何のため」を明確にしよう

　子ども食堂を立ち上げると決めたら、まずはコンセプトを決めましょう。コンセプトといっても大げさに考える必要はありません。第1章5（29ページ）でイメージした「理想の子ども食堂」を具体化して言葉にするのです。

　コンセプトは、どの道を通ってどの目的地に着くか。そんな地図のようなものです。途中で悩んだり、道に迷ったときにそのコンセプトを見返すことで、どのような道を通って、どんな目的地に着く予定だったのかを思い出すことができます。

「誰のため」を考えよう

　まずは「誰のため」という部分ですが、子ども食堂ですから「子どもたち」が主役なのは間違いありません。しかし、その子どもたちの年齢を考えても、幼児・小学生・中学生・高校生などさまざまです。また、子どもたちに加えて保護者や地域の高齢者など、子ども以外の「誰のため」を盛り込むこともできます。

　まずは一番「ご飯を食べてもらいたい」人たちを決めて、子ども食堂の中心としていきましょう。そうすることで、対象者が直面している問題や喜ばれる内容を反映した子ども食堂にすることができるから

子ども食堂のコンセプトのつくり方

1 「誰のため」を考える
・対象とする子どもたちの年齢、経済状態や家庭環境
・子ども以外の対象者の有無など
> 例 両親が共働きで、ひとりでご飯を食べることが多い小学生

2 「何のため」を考える
食事がメインであれば、貧困対策・孤食対策・食育活動
食事以外の活動であれば、学習支援・子育て支援・体験学習・世代間交流・地域活性化など
開催する地域の特徴を理解して「誰のため・何のため」を考える
> 例 孤食対策を中心にしながらバランスの良い食事がとれるように食育も意識したい

3 コンセプトを文字の形にする
実際にあなたの考えたコンセプトを書いてみましょう。
> 例 私が目指す子ども食堂は、
> ひとりでご飯を食べることが多い小学生 に
> バランスの取れた食事をみんなで楽しく食べる場 を提供します。

4 周りの人に話す
考えたコンセプトを周囲に話したり、対象とする子どもの保護者に伝えたりして、コンセプトをブラッシュアップしてみましょう。

です。例えば、貧困や孤食といったネガティブな問題を抱える人を中心に考えるならデリケートな対応や活動が必要となります。

参加条件を設けるなら、注意が必要

　「誰のため」を考えるにあたって、貧困や孤食の環境にある児童限定などの参加条件や年齢制限を付けることがあるかもしれません。

　でも、あまり条件を付けすぎると、子ども食堂の運営は難しくなります。なぜなら、大人と違って、子どもたちの移動範囲は限られており、遠く離れた土地の子ども食堂へは参加できないからです。

　また、参加予定の子が「友だちと一緒に子ども食堂に行きたい」と希望することもあります。そのときに、参加条件によって一方の子どもしか参加できないと、子どもたちの世界でも「あの子の家は貧乏だ」などといった不要なレッテル貼りを生み出してしまうかもしれません。その点に気をつけて、余分な条件は極力付けないことをおすすめします。

　私たちは、小学校区ごとに子ども食堂を区分けし、その学区内のボランティアスタッフによって活動を行っており、参加条件は特に設けていません。そうすることで、子どもに大人都合の条件を押し付けることはなくなりますし、スタッフが住んでいる地域の子どもたちを対象としているので、その地域の子どもたちや家庭が抱えている問題を理解し、救い上げることにもつながっていると考えています。

活動の「柱」を決めよう

　次に「何のため」を考えます。食事に関わる活動には貧困支援・孤食対策・食育活動などがありますし、食事以外の活動なら学習支援・体験学習・世代間交流などもあります。どれも素晴らしいことですが、すべてを盛り込むのはボリュームが多すぎて大変です。これらの中から子どもたちや地域から喜ばれる「柱」を決めて、活動を続けていくうちにその柱を少しずつ増やしていきましょう。

参加条件をつける場合の注意点

参加者が集まるか？
子どもの移動範囲は限られているため、参加条件に合致する子どもたちが、子ども食堂を続けられるほど集まってくれるか検討が必要

不要なレッテル貼りにつながらないか？
参加する子どもや保護者、そして、参加を断る子どもや保護者にもそれぞれに配慮が必要

対象が絞られている分、参加者に合わせて支援内容を深くできるというメリットがありますが、デメリットもあるので参加条件は少ない方がよいと思います。

活動内容を考えよう

「柱」を決めたら、具体的な活動内容についても考えていきます。例えば食育活動を柱とするなら、栄養士・調理師さんなどの食のプロ、農家さんや漁師さんなどの食材生産者に参加してもらったり、お話をしに来ていただいたりします。またせっかくの食育活動を子どもたちの保護者の方にも学んでいただくために、保護者の方も一緒に来てい

ただく声がけも必要となってくるでしょう。体験学習なら毎回体験内容を変えるのか、世代間交流なら食事の好みや活動量の違う子どもたちと高齢者とがどのようにして同じ空間で楽しく食事と交流するかなど具体的な内容を考えていきます。

独りよがりのコンセプトはNG

　気をつけなければならないことは、コンセプトが独りよがりの内容になってしまうことです。開催者にとって素晴らしい内容でも利用者にとっても素晴らしいとは限りません。開催者と利用者が一緒に楽しめて必要とされる子ども食堂を目指しましょう。そのために、**まずは自分の意見やコンセプトを周りの人に聞いてもらいましょう**。具体的には、一緒に活動をしていくコアスタッフ（第2章6、62ページ）に自分の意見を伝えてコンセプトを考えます。そして、そのコンセプトを「誰のため」で考えた支援対象の子どもを持つ保護者に話して、意見をもらうのもいいと思います。

　そうした中で変更や追加、場合によっては諦める内容も出てきます。しかし、さまざまな人の意見を参考にしたコンセプトをつくることがその地域に必要とされ、長く活動を続けられる子ども食堂をつくることにつながります。

2 地域のニーズを把握し、コンセプトをブラッシュアップしよう

大まかな地域のニーズのとらえ方

　<u>地域のニーズと合っていなければ子ども食堂を長く続けることはできません</u>。そうした地域のニーズを大まかに把握する方法のひとつに都会型・地方型というカテゴリー分けがあります。都会型の地域とはマンションが多く人口が密集している地域、あるいは商業地域などです。核家族や共働きの家庭が多く、繁華街に近接する地域では、シングルマザー率が高いことが多く、家庭ごとの収入の差が大きいため、<u>貧困支援・孤食対策・地域活性化などのニーズ</u>が高いと考えられます。

地方型の子ども食堂での注意点とは？

　古くからその地域にいる人が多く住んでいる住宅地などが地方型の地域です。この地域では<u>「貧困支援」などネガティブに感じられる言葉を積極的に掲げるのはやめた方がよい</u>でしょう。子どもたちの移動が少なく、その地域で10年、あるいはそれ以上の年月を過ごす場合がほとんどです。「子ども食堂」＝「家庭環境に問題のある子どもの支援活動」というイメージがついてしまうと、そこに参加するだけでも「あの子の家庭は問題がある」と長い間レッテルが取れないまま過ごす可能性もあるからです。ですから<u>地方型では特に「子育て支援・世代間交流・地域活性化・学習支援・体験学習」といった前向きなイ</u>

> **子ども食堂における都会型と地方型の特徴**
>
> ■ 都会型
> ・マンションが多い新興住宅地や繁華街の近く
> ・転入・転出が多く、地域のつながりは薄いことが多い
> ・核家族や共働き家庭、収入の格差やシングルマザー率が高い
> ・貧困支援、孤食対策、地域活性化のニーズが高い
>
> ■ 地方型
> ・古くからの住民が多く住み、転入・転出が少なく、地域のつながりは都会型に比べると強いことが多い
> ・地域の目や評判が重要視される
> ・子育て支援や学習支援など、前向きなイメージを掲げることが大切

メージが必要となります。もちろん貧困支援や孤食対策を隠れたテーマとして盛り込むことに意味はありますが、地方では「地域の人々の目や評判」が常について回ることを意識して、不要な誤解を生み、子どもたちが傷つかないような配慮も忘れないようにしましょう。自治会などはそうした地域の評判に非常に神経質な場合も多いですので気をつけてください。

思いは続けるうちに伝わっていく

　ここまで、子ども食堂のコンセプトのつくり方やブラッシュアップの方法を紹介してきましたが、立ち上げ当初は「みんなで楽しくお

なかいっぱい食べる」ことを達成するだけで精一杯になると思います。うまくできなかったり、失敗したり、伝わらなかったりと、<u>体感として開催を始めてから4〜6回は試行錯誤の繰り返し</u>です。

　続けていくうちに、少しずつあなたが子ども食堂で行いたい活動に集中して取り組むことができ、その思いは、試行錯誤を繰り返すうちに段々と浸透していくはずです。**月に一度の開催でも半年ほど頑張れば周りは少しずつ理解して評価してくださります。1年続ければ協力してくださる方も増えてくるでしょう。**

　ですから、立ち上げの初期は結果に落胆せず「これは当面の結果。これから試行錯誤しながら、地域のみんなに喜ばれる子ども食堂にしていこう」と先を見据えて焦らずに続けてください。続けるうちにスタッフの思いが少しずつ形や雰囲気となってオリジナリティに変化していきます。また、チームメンバー以外からの協力者、地域の要望、想定していなかった現実問題などに対応していくうちに、変化を強いられることもあります。その場合、その変化を受け入れることができるのであれば最初に考えていた「柱」にプラスする形で受け入れていきましょう。

3 お金の計画を立て、活動内容を具体化しよう

はじめから年間の予算を考えておくことがポイント

　コンセプトを決めたら、次にお金について考えてみましょう。どんなに素敵なコンセプトがあっても、それを実現できなければ意味がありません。お金がどれくらいかかり、それをどこから捻出するかをはじめに考えておくことで、どのくらいの規模で子ども食堂をスタートさせたらよいか見通しが立ちます。また、外部からの資金援助を運営の軸にする場合には、どこからどのくらいの提供をもらう必要があるのかが見えてきます。つまり、**お金のことを考えることで、子ども食堂の立ち上げのために必要な行動が明確になる**のです。

　お金について考えるときの注意点は、年間計画を立てることです。年に数回、不定期に開催しただけでは、子どもたちの役に立つことは難しいでしょうし、何より、子ども食堂が子どもや保護者に十分に認知されず、運営は厳しくなることでしょう。そのために、月に何度開催するのかを考えて年間予算を決め、**初回の子ども食堂開催までに、できる限り１年間の財源を調達するめどを立てておきましょう**。そして、年間予算から考えて一度の開催で多くの予算を使ってしまうのは止めましょう。

コンセプトを決めたら、早めにお金の計画を立てる！

[理由1]
どのくらいの規模で子ども食堂をスタートさせたらよいかが、明確になる

[理由2]
希望する規模の子ども食堂を開催するために、不足している資金をどう調達するか、計画が立てやすくなる

[理由3]
立ち上げや運営で忙しくなる前に考えておくことで、ゆとりを持って立ち上げの活動ができる

お金について計画するときは、年単位で考えることを忘れずに！

最低限かかる経費を確認し、無理のない計画を立てよう

　まずは、考えたコンセプトに照らし合わせ、食器類や調理器具・教材購入などの立ち上げに必要なお金と、1回開催するたびにかかるお金を考えてみましょう。例えば、学習支援を行うなら、食事の他に教材を準備する必要があります。勉強するためのスペースが必要かもしれません。コンセプトをもとに、必要な開催頻度、スタッフの数、機材などを洗い出してみましょう。

　洗い出しのコツは「**最低限必要な物→一番行いたいことに必要な物→あれば便利な物→将来的に必要になる物**」というように優先順位を決めて用意・購入・判断していくことです。

立ち上げに必要なお金とは？

立ち上げまでに必要なお金は、主に、食品衛生責任者講習の受講料と、子ども食堂に関わる物品購入費です。

◻ **食品衛生責任者講習**

運営者としての責任という意味だけでなく、自身の衛生知識の向上、保健所との円滑な関係構築などの意味でも必ず受講しましょう。なお、全員受ける必要はなく、代表者か調理担当者が受けます。金額は保健所によって違いますが、10,000円前後のところが多いようです。最寄りの保健所に確認してみましょう。

◻ **物品類**

私たちは立ち上げに右図の物を用意しています。スタッフが持ち寄って準備できる物が多いので、新たに購入しなければいけない物や、こだわりを持って購入したい物をリストアップして、予算に加えておきましょう。用意する物には、子ども食堂の運営者の思いが表れます。

子ども食堂を1回開催するのにかかるお金とは？

静岡市子ども食堂ネットワークで子ども食堂を開催する場合の経費プランを書いてみます。

◻ **食材費**

子どもたち30人・運営スタッフなども含めて約40食とすると、一食あたりの食材費を250円と計算して10,000円。いただき物の食材があればこれより安く食材費を抑えることもできますし、食材費を変えずに品数を増やすことも可能です。

◻ **会場使用料**

できれば無料の会場を探して、難しければ、趣旨の説明をしつつ

子ども食堂の立ち上げまでに用意する物品

☐ **受付用セット**
筆記用具とパソコンで作成した受付簿を印刷して準備します。開催時に、氏名、年齢、学校名、学年、アレルギーの有無を記載してもらうためのものです。記入後の用紙は個人情報保護の観点から担当を決めて慎重に取り扱いましょう。

☐ **各種調理器具**
会場にない場合は自前で準備します。必ずしも大人数用のものを準備する必要はなく、30人程度の開催であれば、家庭用のものを持ち寄って調理することも可能です。

☐ **食器類**
会場にない場合は自前で準備します。紙皿など使い捨てのものは、利用後にそのままごみとして捨てられるので、楽に管理や片付けができます。しかし、食育の一環として「ちゃんとした食器でご飯を食べてもらいたい」場合は、管理が大変ですが瀬戸物の茶碗やお皿を用意してもよいと思います。

☐ **手指用消毒液やせっけん**
調理や配膳、あるいは食事前の子どもたちの手洗いなどに使用します。

☐ **ペーパータオル、使い捨てビニール手袋・マスクなど**
ペーパータオルやキッチンタオルは調理の際に使います。タオルやハンカチなどは衛生管理上使わないようにしましょう。また、調理や配膳、嘔吐物を片付ける場合などは素手での作業は禁止です。使い捨ての手袋やマスクを使用し、安全衛生を心がけます。

☐ **救急箱**
私たちの子ども食堂では、消毒液、絆創膏、包帯、ヤケド対策の熱さましシート、嘔吐処理用新聞紙、ビニール袋などを準備しています。

☐ **清掃道具**
施設を利用する場合は備え付けられている場合もありますが、雑巾、ほうき、チリトリ、バケツなどが必要となります。

☐ **看板やのぼり・のれんなど**
子ども食堂の場所や開催を知らせるために準備します。完成品を買わなくても布を買って自分たちで書き込んだり、子どもたちと一緒に作ったりして費用をかけずに楽しく作ることができます。

☐ **エプロン、三角巾**
個々のスタッフで用意します。みんなで柄をそろえて子ども食堂のユニフォーム代わりにしてもいいですし、1人ひとりが好きな物を選んで個性を出して子どもに覚えてもらいやすくするのもよいでしょう。

使用料の減額をお願いします。私たちの場合ではありますが、静岡市内で30人程度が入る公民館や公共の調理施設なら2,000円以下で借りられることが多いです。**一度借りてしまうと値段交渉を後で行うことは困難**になりますので、最初に交渉をすることがポイントです。なお、会場選びのポイントについては第2章5（57ページ）で紹介しているので参考にしてください。

◪ 保険料

手間も費用もかかるので保険に入ることをためらうというお話も聞きますが、保険に入らないで活動を行うのは大変危険な行為です。食中毒や不慮の事故などに備え、**子どもたちと自分自身を守るため、運営者として食の安全に責任を持っていることを明確にするためにも保険に加入します。**

入りやすい保険としては、社会福祉協議会などのボランティア保険やイベント保険などがあります。保険会社の保険は種類が多く、状況に合わせて選択することができます。

また、子ども食堂の開設に必須ではありませんが、私たちのように事務所や店舗として飲食店営業許可を取ることで、営利目的の飲食店と同様に保険会社の生産物賠償責任保険に入ることができます。それを子ども食堂の保険対応にあてることもひとつの選択肢になります。年間契約になりますし、保険額の設定で保険料は変わりますが1年で10,000円程度です。子ども食堂を複数箇所運営していたり開催回数が多くなったりする場合に向いていますので、開催箇所が1か所で月に1回程度の場合であれば向いていないかもしれません。後述（第2章9、76ページ）しますが、自分たちの活動と内容に合ったものを探していきましょう。

◪ 印刷費

例えば、開催地域の小学校の生徒数が500名であれば500枚のチラシを準備します。ネットで印刷を発注してもよいですし、**社会福祉**

子ども食堂1回にかかる費用の例

■参加する子ども30名、スタッフ6名、月1回開催の場合

	単価	数量	合計	備考
会場使用料	2,000円	1回	2,000円	公民館を使用
保険料	833円	1月	833円	生産物賠償責任保険 (10,000円／年)
食材費	250円	40人	10,000円	定員30名、スタッフ 6名＋予備分4名分※
印刷費	2円	500枚	1,000円	掲示用・小学校配付用
合計			13,833円	

年間にかかる費用は、・・・13,833円×12回＝ 165,996円

学習支援など、食事以外の取り組みを行う場合には、それらの費用も考えておく必要があります。

※静岡市子ども食堂ネットワークでは、通常、スタッフ分は用意せず、子どもたちに配膳した後に残った分をスタッフ用としています。

協議会や行政など、安くコピーをさせてくれる場所もあるので探してみるとよいでしょう。私たちの場合は1回1,000円程度のコピー代がかかっています。

　こうして例に挙げた金額を足していくと30人規模で10,000円から14,000円程度かかります。これを月に1回の開催ペースで1年

経費を抑えるコツ

☐ **会場使用料**
一度借りてしまうと、その後の価格変更が難しくなるため、最初に価格交渉を行う。趣旨を説明し、活動に共感してもらうことが交渉のコツ

☐ **保険料**
通常、イベント保険やボランティア保険を適応するが、飲食店営業許可を取得すれば、年間契約で生産物賠償責任保険に加入することも可能

☐ **食費**
活動に共感してくれるスーパー、農家などに協力を仰ぐのもひとつの手

☐ **チラシ作成費**
行政や社会福祉法人に相談をすると安く印刷できる場合がある

続ければ、年間 12 万円から 17 万円程度必要となります。
　次に、この「年間を通じて最低限必要な経費」を捻出する方法を考えていきましょう。

COLUMN
コラム

「私が子ども食堂を立ち上げた理由」②

　(31ページから) こうした活動を続けていくうちに新しい疑問が生まれ、それを解決するたびに少しずつ理解を深めることができました。その中で、子ども食堂に対する私の認識も変わってきました。最初は、子ども食堂は子どもたちのための活動だと思っていましたが、今は、子どもたちだけのものでなく、保護者のための活動であり、スタッフのための活動でもあり、そして将来は親になる学生スタッフのための活動でもあると認識しています。

　また、活動を行う中で、支援したいとお声がけをいただくことが多くなりました。立ち上げ初年度は現場スタッフとして参加したいという問い合わせが多かったのですが、次年度以降は資金・食材提供をしたいという「支援ボランティア」の問い合わせが増えました。そうした方々の話を聞くと「自分も子どもの頃、貧困の家庭環境だった」「思い出すのも辛い子ども時代だった」と話してくださる方もいます。

　思い返せば、私も小学生時代、親が共働きで夕食を兄弟だけで食べる「孤食」の小学生でした。外食やレトルト食品、お菓子などで夕食を済ませることが多く、母親の手料理は週に一度くらいでした。大人になった今、私を含めてそうした子ども時代を過ごした方は「自分の子ども時代と同じ環境にいる子どもたちの寂しさや悲しさを少しでも救うことができたら」という思いで協力いただいているのだと思います。もしかしたら「過去の子ども時代の自分を救いたい」という自己救済の思いを含んでいるのかもしれません。

　「自分が子どものとき、こうした子ども食堂があったら何かしら救われた部分があったかもしれない」「楽しい思い出を手にすることができたかもしれない」そして、「それを手にすることができなかったけど、今の子どもたちには手に入れてほしい」。そんな人たちの思いを実現できる子ども食堂にしたいと考えながら、活動を広げ、進化させるために頑張っています。

4 お金を調達する方法を考えて、実行しよう

　お金を調達するにはいくつかの方法がありますが、その中にはタイミングが合わないと応募が難しい方法や、活動の実績が重要で立ち上げ当初は向かない方法もあります。そうしたものも含めて、子ども食堂の資金調達方法となるものを挙げてみます。

自分で用意する場合

◆ 自己資金

　実績がなく活動に協賛が得られなくても、助成金などの申請タイミングが合わなくても確実に用意できるのが自己資金です。最初のうちは、自己資金の持ち出しのみでまかなえる場合もありますが、長い目で見れば行き詰まることが多いので、他の資金調達法も考えておきましょう。

◆ フリーマーケット

　協力者、あるいは自らの不用品をフリーマーケットなどで販売し、利益を子ども食堂の活動費にあてます。現金では協力が難しいという方でも不用品なら快くいただけることもあります。活動を続けて協力者が増えてくると、販売するアイテムが増えて資金が得やすくなると思います。また、**フリーマーケットのお客さんに子ども食堂の宣伝を行えるという二次的なメリットもあります。**

お金を調達する方法のメリット・デメリット

■ 自分で用意する
メリット
・実績やタイミングに関係ない
・フリーマーケットの場合、活動の宣伝にもつながる

デメリット
・自己資金のみの場合は、長い目で見ると行き詰まることが多い
・フリーマーケットや、参加費を取る場合は、調達できる金額が少ないことが多い

■ 援助をしていただく
メリット
・協賛金の場合は、金額が大きく、継続して支援してもらえる場合も多い

デメリット
・個人からの寄付の場合には、継続的に支援してもらうことが難しい
・企業などから協賛してもらう場合には、活動の実績を求められることが多い

■ 申請をする
メリット
・活動に十分な金額をもらえることが多い
・採択されれば実績につながる

デメリット
・申請のタイミングが合わないことがある
・書類審査がある場合は申請書準備の手間がかかる

> 立ち上げ当初は活動実績がないため、自己資金やフリーマーケット、個人からの寄付金を中心に組み合わせることになると思います。

例 年間費用17万円を調達したいなら…
・自己資金：5万円 ← このくらいなら毎年出せそう
・残り：12万円

フリーマーケットなら	1回の収益5,000円として24回
企業・団体の協賛なら	1口3万円として4社（団体）
個人からの寄付なら	1口2,000円として60人

> こうやって考えていくとどの方法なら可能そうなのかが明確になる

第2章 子ども食堂のはじめ方　開催6〜4か月前

🔸 子ども食堂で参加費を取る

　子どもたちには無料で食事を提供し、大人からは「子ども食堂の活動費」として料金をいただいても構いません。値段設定は原材料費だけの場合もありますし、利益が出る値段設定の場合もあります。どちらにしても、活動の意義を説明するなどして、子ども食堂の活動を維持するために必要であることを理解してもらいましょう。

援助をしていただく場合

🔸 寄付金

　個人の方からの寄付金は、知り合いや活動に共感してくださる方から得られる場合があります。取り組みを紹介する資料を用意して説明し、子ども食堂の趣旨に賛同してもらえる人を増やしましょう。しかし、個人の方からの寄付金を継続的にいただくことは難しいので、第4章10（143ページ）で紹介しているように、ゆくゆくは**会員制にして年間に決まった寄付金を多くの方々から少額ずつ寄付してもらえるルール**を整備するとよいでしょう。そうすることで、お金について長期的な見通しをつけることができます。

🔸 協賛金

　個人ではなく、企業や団体からのお金が協賛金です。寄付金よりも額が大きい場合も多く、継続的に支援していただける場合もあります。企業から協賛金をいただくには、活動実績など「社会的評価」が必要となるかもしれませんが、活動を続けていくうちにスポンサーの紹介や支援の申し出がある場合もあります。

　なお、個人や企業以外にも協賛してもらえる可能性がある団体があります。例えばライオンズクラブやロータリークラブなどの奉仕団体や青年商工会議所（JC）といった地域貢献や地域活性、子育て支援に力を入れている団体です。こうした団体のメンバーは企業家の方も

多く、金銭以外にもさまざまな活動をサポートしてくださる可能性があります。ですから、立ち上げ時に相談できる相手がいるようでしたら一度挨拶に行ってみましょう。すぐには快い返事をいただけなくても、活動実績が伴ってきたときにもう一度相談すれば協賛やサポートをしていただけるかもしれません。「立ち上げ時からどれだけの進歩・進化があったのか」といったことが評価されますので、諦めずに前向きに子ども食堂を良くしていきましょう。

◘ クラウドファンディング

　インターネット上で資金調達できるものとしてクラウドファンディングがあります。クラウドファンディングとは、ネット上で自らのアイデアをプレゼンテーションすることで、資金提供をしていただける協力者を募る仕組みのことです。現在では、さまざまなクラウドファンディングがあり、実際に資金調達に成功している食堂もあるようです。申請してから審査があり、審査通過後にはじめて資金調達の告知を行う場合が多いので時間や手間もかかります。しかし、**活動の告知にもつながります**ので、審査の過程を楽しむつもりでチャレンジしてみましょう。

● クラウドファンディングサイトの一例

CAMPFIRE	日本最大規模のクラウドファンディングサイト。閲覧者が多くインパクトがある申請も多いため、掲載する場合は見せ方を工夫してみよう。 URL：https://camp-fire.jp/
LINKSTART	西日本新聞社による九州発のクラウドファンディングサイト。このように特定の地域に焦点を当てたクラウドファンディングもある。 URL：https://greenfunding.jp/linkstart
Share your heart 2014	社会貢献活動に特化したクラウドファンディングサイト。 URL：https://greenfunding.jp/fca

助成金などに申請する場合

◆ 企業や団体の助成金

さまざまな企業や財団法人などが助成金を出しています。内容に審査があったり、採択後の入金までの期間が長いものがあるなど、特徴もさまざまです。活動実績が求められる場合も多いですが、インターネットで情報を集めてみましょう。採択されれば実績にもなりますし、金額も年間の活動に十分な金額であることが多いです。

◆ 公的な助成金、補助金

行政や社会福祉協議会などではさまざまな助成金や補助金を取り扱っています。活動実績が求められる場合も多いですが、子ども食堂の活動で申請できる助成金・補助金があるか窓口で聞いてみましょう。窓口は1か所だけではないので、育児関係・食育関係・地域活性関係・市民活動関係などさまざまな窓口で聞いてみるとよいでしょう。

なお、多くの都道府県や市町村で「子どもの居場所づくり」に対する公的な助成金・補助金制度ができました。立ち上げに関する支援を行うものも少なくありませんので、以下のサイトなどを参考にしてみてください。

■ **子ども食堂に関する公的な支援情報**

- 内閣府「国及び地方公共団体による「子供の居場所づくり」を支援する施策調べについて」
  http://www8.cao.go.jp/kodomonohinkon/shien/index.html
  ➡ このうち、実施主体が国と都道府県のものを8ページの「国・都道府県による子ども食堂支援施策の例」にまとめています。
- 農林水産省「子供食堂と連携した地域における食育の推進」
  http://www.maff.go.jp/j/syokuiku/kodomosyokudo.html

5 開催エリアと会場を決定しよう

開催エリアの選び方

　開催するエリアによっては、継続が大変になったり、せっかくの活動が評価されにくくなったりする可能性があるので、ポイントを押さえてエリアの選択を行いましょう。

◆ 自分やコアスタッフの地元

　ボランティアスタッフの募集や開催の告知を手伝ってもらうなど、今までの地元のお付き合いや人間関係が力を発揮する場面は多くあります。また、いくら活動しやすい場所でも、距離が遠いと細かな打ち合わせにも時間がかかるなど、長い目で見たときの労力は軽視できません。やはり、活動場所は近い方が好ましいです。

◆ 自分たちのコンセプトと合致した地域

　例えば、貧困支援をコンセプトにしているのであれば、富裕層が多い地域はマッチしない可能性が高いでしょう。孤食対策や食育の活動を視野に入れているのであれば、若い共働きの夫婦の多い地域が適していますし、地域活性化をコンセプトにしているなら商店街や店舗が多い商業地域などがよいでしょう。自分たちの目指す子ども食堂のコンセプトと地域が求めている活動が一致していることが望ましいです。

◆ 食材提供が受けやすい地域

　例えば、漁港の近くであれば魚などの提供を受けたり、畑や水田が多い地域であれば農作物などを提供いただいたりすることがありま

す。また、田植えや収穫体験などの体験学習をする機会もつくりやすいです。そうした活動は地域のPRにもつながるので、趣旨を理解いただければ多くの協力が得られます。

🔶 ボランティアが集まりやすい地域

学生ボランティアや地域外のボランティアを募集するのであれば、バスや電車などの公共の移動手段が利用できる場所が便利です。また、大学・専門学校・高校などの学校の近くであれば、より参加していただきやすくなります。

会場の選び方

地域を決定しても適した会場がなければ、子ども食堂は開催できません。会場が複数選べる場合は、以下のポイントに気をつけながら会場を決定しましょう。会場は後から変更することも可能ですが、子どもたちが継続して参加しやすいように、できる限り変更しない方がよいでしょう。

🔶 公的な施設

地域交流センターなどの行政が所有する施設です。こうした施設は調理室や駐車場などが完備され、バスなどの交通アクセスも良い場合が多く、子ども食堂の会場としては利用しやすいでしょう。さらに会場使用料も低額あるいは無料の場合もあります。エリア内にそうした施設がある場合は利用条件を問い合わせてみましょう。

🔶 公民館、集会場

自治会や町内会・氏子の方などが管理する地域の建物です。こうした施設は無料や低額で借りることができますが、調理施設や調理器具が完備されていない場合が多く、自分たちで用意しなければいけません。また、食事提供をするために必要な衛生環境が整えられるかを保健所に相談し、可能であれば現地確認や衛生検査を受けるようにし

開催エリアの選び方

☐ **自分やコアスタッフの地元**
活動に便利なだけでなく、すでに人間関係が構築されているので協力も得られやすい

☐ **自分たちのコンセプトと合致した地域**
コンセプトが合致しない地域では、参加者が集まらなかったり、活動が評価されにくかったりする

☐ **食材提供が受けやすい地域**
もし農業や漁業が盛んな地域なら、食材提供を受けやすい、農業関係の体験活動をしやすいなどのメリットがある

☐ **ボランティアが集まりやすい地域**
継続して参加してもらうことを考えると、交通の便が良い場所の方が良い

ます。

🔸 飲食店

飲食店を営業されている方が店舗を会場として利用する場合は、調理環境、保健所の許可、保険対応が整っており、準備の面では比較的楽に開催できます。ただし、その店舗のスタッフではない人が厨房へ出入りできないなどの制約があるため、会場として使用する場合は保健所・保険会社への相談を確実に行いましょう。

🔸 自宅

保健所への相談や立ち入り検査を受け、調理場、手洗い場などの

衛生環境に大きな問題がなければ自宅を開放して行うことも可能です。自宅開催のメリットはどんな利用の仕方をしても自分の責任で対応でき、他者に迷惑がかからない点と会場使用料が無料な点です。デメリットとしては、大量の料理を用意するには小さな厨房スペース、衛生的な環境の確保、そして他人を家に上げることになるため防犯とプライバシー保護、子どもたちが集まると騒がしくなるので近所の方々の理解を得る必要がある部分でしょう。

🔶 空き家

　地域の空き家活用の一環で、子ども食堂の開催スペースとして利用する場合もあります。元々が一般的な家屋だった場合、問題点はプライバシーの部分を除いて自宅で行う場合とほぼ同じです。しかし、火事や防犯上の問題については自宅よりもリスクが上がる場合もありますので、空き家の管理者とよく協議したうえで会場とするかどうかを決めましょう。

会場探しはベストではなく、ベターを目指そう

　条件的にベストな場所が見つかっても、会場の管理者が子ども食堂の活動に消極的だったり、施設の利用趣旨と子ども食堂の内容とが合っていなければ使用を断られる場合があります。そうした問題は、すぐに解決しません。子ども食堂を続けて活動が評価されると、理解が得られるようになったり、支援者からより良い会場を紹介していただくこともあります。

　先ほど説明したように、一度決めた会場を変更することにはリスクも伴いますが、最初は妥協する項目があっても「活動しやすい」会場から始め、実績が伴うようになってからより良い会場への変更を考えてもよいでしょう。

会場別のメリット・デメリット

■ 公的な施設

メリット
・交通アクセスが良く、低額や無料で借りられる場合が多い
・調理設備が完備されていることも多い

デメリット
・施設の利用目的に沿っていない場合は、借りられないこともある

■ 公民館、集会場

メリット
・低額や無料で借りられる場合が多い

デメリット
・調理設備がない場合が多く、衛生環境にも注意が必要

■ 飲食店

メリット
・自分の店舗を使用する場合には、調理設備や衛生環境が整っている

デメリット
・飲食店の店員以外の人が厨房に出入りするためには、新たに保健所等への相談が必要

■ 自宅

メリット
・使用料金がかからず、会場の使い方にも自由が利く

デメリット
・調理スペースが小さく、衛生環境にも注意が必要。防犯上の問題や騒音の問題も考えておく必要がある

■ 空き家

メリット
・自宅に比べるとプライバシーの問題がない

デメリット
・調理スペースや衛生環境などは、自宅と同様に注意が必要。また、防犯上の問題などについて、空き家の管理者と協議が必要

6 スタッフを募集しよう

まずは、「コアスタッフ」を確保しよう

　自分と同じ思いと価値観を共有するコアスタッフは、子ども食堂をより良くするために汗と知恵を出すことをいとわない「信頼のおける仲間」です。その存在が活動を継続していけるか否かのカギになります。子どもの数が約30名の場合、まずは最も信頼できる**コアスタッフを最低1名から3名探して2〜4人程度の子ども食堂運営のグループをつくってください。**

　まずは友人や身内に自分の思いを話し、共感や協力をしてくれる人を探しましょう。そして、チームメンバーになってくれたコアスタッフとともに、自分が考えたコンセプトをブラッシュアップ（第2章1〜2）し、お金の計画（第2章3〜4）を考えていきましょう。

開催に必要な役割と人数を明確にしよう

　コアスタッフの募集の次に行うことは、**子ども食堂当日に必要なボランティアスタッフの把握**です。どの役割に何人必要なのかをしっかり考えておかないと子ども食堂の現場で混乱の原因となり、クレームが生まれてしまいます。

　以下に、子どもが30人参加する場合を想定して、必要な役割と人数の一案を示しましたので、参考にしてください。

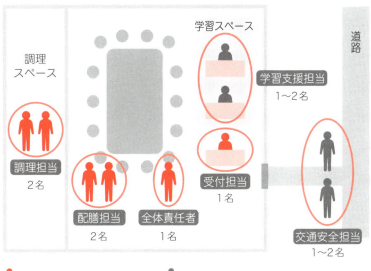

◆ 全体責任者1名（自分を含めたコアスタッフが担当）

　問題が発生しそうな箇所を見つけて改善の指示を出し、問題が発生したら先頭に立って対処します。見学を希望する方の対応や、仕事に手いっぱいな担当がいたら他のスタッフをサポートにつけるなど人員配置の仕事もします。そのため、<u>子ども食堂当日は他の仕事はせずに全体を見回し、判断することに専念します</u>。フリーに動きながら何かあればすぐに対応してくれる全体責任者の存在が他のスタッフが働きやすい環境をつくり、全体の作業効率を上げるためのポイントとなります。

また、スタッフ・子どもたちの数が少ない間はタイムスケジュールなども管理し、限られた時間と労力の振り分けも行います。そして最初の会場用意から最後の片付け・施錠まで責任を持って行います。

🔸 **調理担当**最低2名（そのうち、1名はコアスタッフ）

　調理担当は食中毒の防止にダイレクトに関わるため、責任が大きくなります。そのため、最低ひとりはコアスタッフが担当するようにしましょう。**飲食店や給食などで調理を経験した人や、保健所で「食品衛生責任者講習」を受けられる人が望ましいです**。それができない場合は、最低でも手洗いの仕方や食中毒の予防など、保健所にお邪魔して調理担当者として必須の知識を教わりましょう。子ども食堂での食事提供にあたって必要な講習や技術は、保健所の考え方によって異なる場合があります。必ず開催地域の保健所に相談しましょう。なお、調理担当は次回の献立の内容を決めるなど、重要であると同時に仕事量も多くなる役割です。

🔸 **配膳担当**2名

　でき上がった料理をお皿に分けたり子どもたちのテーブルに持っていったりするのが配膳担当です。配膳時は食事に触れる場合もあるので衛生の知識を調理担当のコアスタッフから伝えておきましょう。

🔸 **受付担当**1名（コアスタッフ）

　会場の出入り口付近で受付を担当します。子どもが来たら、受付用紙に氏名・学年を書いてもらい、**食物アレルギーの有無の確認や、子ども食堂の決まりごとを説明します**。また、保護者など、子どもたち以外の来場者にも氏名や電話番号を記入してもらい、**不審者が会場に入ってこないように安全管理を行います**。

　以上が基本的に必要な役割と人数です。さらに、置いた方がいい担当や規模が大きくなれば必要になる役割も挙げてみます。

🔶 学習支援担当 1名～2名

　学習支援は保護者や子どもたちから喜ばれる、子ども食堂と相性の良い活動のひとつです。スタッフは、教師や塾講師などの経験がある方が望ましいですが、ない場合でも丁寧に接することができれば問題ありません。

🔶 交通安全担当 1～2名

　会場前が道路で車の往来があって危険な場合や、住宅地の中で騒音などの苦情が発生するおそれがある場合もあります。そうした会場では、建物の外で交通誘導をしたり、騒ぎすぎないように子どもたちに声がけをしたりする担当者を置くことで、事故や苦情の発生を未然に防ぐことができます。

当日ボランティアスタッフの募集

　このように、子ども食堂当日の運営では、コアスタッフ以外にボランティアスタッフの協力が必要になります。また、理念に共感し定期的に参加してくださるスタッフは、やがてコアスタッフとなり活躍してくれる可能性もあります。そういった意味でも幅広く声をかけることが大切です。なお、スタッフ募集には以下の方法があります。

■ボランティアスタッフの集め方

- 子ども食堂開催のチラシやウェブ上でボランティア募集の告知を行う
- ボランティア活動を行っている高校や大学などの担当者とお会いして、学生ボランティア募集の告知を依頼する
- 行政や、社会福祉協議会などボランティア募集の相談や窓口になる団体に告知をお願いする
- 地域の民生委員や児童委員・自治会などに相談して地元のボランティア募集の告知を依頼する

7 行政・企業などに相談して情報を収集しよう

> 相談は、コンセプトの検証や運営にとってプラスになる

　子ども食堂の立ち上げにあたっては、公的な立場で地域の福祉を考えている行政や、地域で信頼されている企業に立ち上げの挨拶と課題の相談をしてみましょう。そうすることで、**地域が抱える課題やニーズが明確になり、独りよがりな活動になってしまうことが避けられます**。また、そうした団体のサポートを受けることができれば、運営面でもグッと楽になります。

> 行政への相談のポイント

◆ 制度だけでなく、地域特性の情報を入手しよう

　子ども食堂に関係する行政の窓口はたくさんあります。育児や少子化などの児童担当課、貧困問題を担当する福祉課、NPOなどの市民活動を担当する課などです。まずは、その中から、子ども食堂のコンセプトに合った窓口で相談するのがよいでしょう。

　そうした行政の担当課で、**立ち上げに必要なさまざまな法制度を確認したり、その担当課が思い悩んでいる地域の課題を聞いたりすることも活動の幅を広げるうえで参考になります**。その地域の行政担当課が何を考え、何を目指し、何に悩んでいるのか、最初からそのすべてを聞くことはできませんが、何度か相談するうちに人間関係が構築

● 子ども食堂に関係する行政相談窓口

担当する領域	得られる情報・サポート
子育て支援担当課	子ども食堂の運営や子育て支援についての相談の他、児童虐待や不登校児への対応についても相談できる
教育担当課	学校との連携や、チラシ配付の相談ができる
社会福祉担当課	子ども食堂の運営相談の他、助成金やスタッフ募集の相談ができる
農業・漁業担当課	食育や地産地消の食材についての相談ができる
市民活動担当課	会場の相談や運営についての相談ができる

住んでいる市区町村によって、担当課の名前が変わってくるので、実際に行政のHPで確認してみましょう。

できれば、さまざまなアドバイスをいただけるでしょう。

補助金・助成金のメリット・デメリットを知っておく

　活動によっては、行政からの補助金・助成金の対象となることもあります。しかし、それらには、はっきりとした目的が決められている場合が多く、コンセプトと合致しない場合は、かえって活動を難しくする場合があります。例えば「児童の貧困対策」の助成を受ける場合、「貧困支援」の活動を盛り込んでいかなければならず、今まで「地域の子育て支援」をコンセプトとして活動していたとしても貧困支援活動を色濃くした活動を求められるかもしれません。ですから、**助成金を申請する場合には「これまでの自分たちの活動から外れないか？」「自分たちが本当に行いたい活動やコンセプトから外れていないか？」をよく考えましょう。**

団体への相談のポイント

　各種団体との連携も模索してみましょう。具体的には、**社会福祉協議会のような社会問題に取り組む団体やNPO、ライオンズクラブのような福祉団体などです**。その団体が行っている活動と連携することで、今まで知らなかった情報を知り、活動の幅が広がることもあります。その中で、子ども食堂が取り組むべき生きた情報を得て活動の参考にしましょう。

　また、地域で講演を行っている団体と情報交換することで、子ども食堂の活動を講演で紹介してもらったり、子ども食堂以外の子育て支援や貧困対策などの取り組みを聞くことで活動のヒントを得ることもできます。さらに地域で活動をしている子育て支援・料理教室などの団体と連携することで子ども食堂の内容を充実させることもできます。

企業への相談のポイント

　企業のサポートを受ける場合には、**可能な限りその企業のPRを子ども食堂で行っていくことをおすすめします**。もちろん、PR目的ではなく、善意に基づいてサポートをしてくださる場合がほとんどですが、そうした素晴らしい企業の業績向上につながること、あるいは社会貢献の思いを消費者に伝えるお手伝いは必要だと思います。そうすることで、その企業がサポートを継続しやすい環境をつくりましょう。また、そうした企業のイメージや業績が上がることで、地域にとっても素晴らしい雇用や消費が生まれるはずです。

うまくいく相談・連携のコツとは？

◆ 共感よりも、フィードバックをもらうことを意識しよう

　行政や団体・企業との相談で大切なことは、相手からの共感を得ることよりも、**自分たちの計画に対するアドバイスをもらうこと**です。自分たちの進むべき道筋と計画を理解してもらうだけでなく、違った視点からの意見をもらうことで、計画を客観的に見直しましょう。そうした計画の相談を一度でなく、**進捗があったときや壁に当たったときなど、たびたび相談するようにしてください**。そうすることで、関係性が構築できます。また、子ども食堂のサポーターになってくれるかもしれません。

◆ 相手の立場や視点を理解しよう

　自分たちの視点だけで物事を判断していては、サポートを得にくくなります。また、行政や企業は大きな組織ですので、意思決定まで時間がかかることもあります。**相手を急がせたり即答を求めるようなことをせず、自分たちの活動が評価されて相手が動けるようになるまで実績を積み重ねていきましょう。**

　また、行政は担当窓口が分かれていて、専門的な相談やアドバイスを受けられる代わりに、担当課を複数またぐような相談では課によっての温度差を感じることもあるでしょう。その場合もまずは相談しやすい課でアドバイスをいただき、実績を積み重ねることで、対応に距離を感じた課もいつかは相談しやすくなっていきます。

8 衛生管理と危機管理。「もしも」の場合を想定しておこう

子どもたち、そして自分たちを守るための危機管理

　せっかくの子ども食堂の活動で、食中毒を発生させたり、子どもたちに怪我をさせてしまっては元も子もありません。<u>「衛生管理」と「危機管理」を行うことは、子ども食堂を利用する子どもたちや保護者に対する責任であるだけでなく、一緒に頑張ってくれているスタッフなど自分たちを守るためにも必要です</u>。また、活動の安心感の根本となるものですので、おざなりにして後々困らないようにしっかり対策しておきましょう。

保健所に相談して「食の安全」を確立しよう

　子ども食堂を開設するためには、営利目的で食堂をつくる場合とは違い、必ずしも飲食店営業許可を取得する必要はありません。しかし、食中毒の防止など食の安全については、「地域住民の健康と衛生を支える公的機関」である保健所に相談しましょう。保健所では、右図のような指導やアドバイスをもらえます。

　調理担当のスタッフと連絡を取り、これらの指導を受けたうえで子ども食堂がスタートできるよう、スケジューリングをしておきましょう。なお、「食品衛生責任者」や「調理士免許取得者」の要否など地域によって食事提供を許可してもらえる基準が異なる場合もあるの

保健所で指導やアドバイスをもらえる内容

- ■ 食品衛生責任者講習の受講について

- ■ 手洗いの方法、食品の取り扱いや調理の方法

- ■ O-157を含む食中毒の予防・対策方法

- ■ 開催会場の衛生状態についての立ち入り検査

で、**必ず活動地域の保健所で直接確認**をするようにしましょう。

保健所との相談を円滑に行うためのポイント

　保健所の使命は、地域住民の健康と衛生を支えることですから、食事提供を行う子ども食堂にも厳しい目が向けられます。**「危険だ」と判断されれば協力を得られません。**その一方で、「地域の子どもたちの食事支援・食育活動」に大きな関心を持っていることも事実です。ですから、設立の趣旨や協力者の有無、今後の計画などをちゃんと説明し、**保健所に「この活動には協力しよう」と思ってもらうことが大切**です。

保健所への相談の段取り

開設に必要な準備を教えてもらう
・食品衛生責任者講習など必要な講習や衛生管理の資料をもらう

使用予定会場での衛生管理など、具体的な助言をもらう
・会場、提供する食事の数と内容、調理担当スタッフなどが決まった段階で、再度、指導や助言を受けに行く
・可能であれば開催会場の現地調査を受ける
・必要な講習を受ける

子ども食堂のオープン後の視察
・開催状況の視察に来てもらいつつ、食材や料理の検査を受ける

とにかく許可をもらいたいという態度ではなく、安全な食事提供の方法を教わりに来たという姿勢を示すことで、この活動に協力したいと思ってもらうことが大切です。

　保健所に行くときは開催会場・調理場所の状況・調理担当者の経験・開催日程・料理の内容・調理方法や衛生について意識している点などを伝えましょう。そして、保健所からは保健所としての考えや懸念される事態、衛生についての注意などを聞いてきます。そして一度だけ行くのでなく、その後の経過報告や相談などたびたびお邪魔して保健所の意見やサポートを受けていきましょう。良好な関係を築くには、

衛生管理と危機管理のポイント

■ 衛生管理

静岡市子ども食堂ネットワークでは保健所の指導を受け以下を実施している

・調理責任者は食品衛生責任者を取得する
・スタッフは便の検査を受ける
・保健所による会場の立ち入り検査を受ける

■ 危機管理

・救急箱を常備する
・受付でアレルギーについて確認する
・近くの病院のルートを確認する
・事故・怪我に対処する担当者を決めておく
・もしもの事態が起きたときの対応を学んでおく

子どもたちに安全な食事を提供するための方法を教わりに来た、という気持ちをきちんと伝えることが重要です。

事故・怪我などのリスクについても対応方法を決めておこう

　子ども食堂の活動の中では、子どもたちが楽しくなって興奮し、転んだりぶつかったりして怪我をすることもあります。また、スタッフが調理中に包丁で手を切ってしまうこともあるかもしれません。さまざまな状況を想定して、救急箱を置いておくようにしましょう。そ

して、救急箱では対応できない大きな怪我が起こる可能性もゼロではありません。**そうした場合に備えて担当者を決めておき、近くの病院をチェックして道順や到達時間を確認しておく**など、事故が起きたときに、すぐに対応できるように準備しておきましょう。

アレルギーへの配慮も大切。対処方法も決めておこう

　食物アレルギーを持つ子どもへの配慮は欠かせません。アレルギーが起きやすい代表的な食材には卵、小麦粉、そば、乳製品、甲殻類、豆類、果物などがあります。それらを避けて献立を作るのもひとつの方法です。しかし、使う食材と使わない食材との線引きが難しく、献立の幅がとても狭くなります。

　静岡市子ども食堂ネットワークではそうした食材を排除する代わりに、**使用した食材を表示し、子どもたちや保護者に確認・承諾していただいたうえで食事をしてもらっています**。そうすることで、私たちの子ども食堂では幸いにして食物アレルギーを起こした子どもは出ていません。なお、**アレルギー反応が起きた場合に備えて近隣の病院を調べておきましょう**。可能であれば、「何かあったとき」に備えて一度、病院に足を運んで子ども食堂の開催の挨拶と説明をしておきましょう。

食物アレルギーを起こさないために

■ 使用する食材を限定する

ひとつの方法ではあるが、献立の自由度が下がる、何を使って何を使わないかという線引きが難しい、などのデメリットがある

■ 使用する食材を告知する

チラシやブログなどで、次回の献立とともに使用する食材を説明し、保護者に確認してもらう

■ アレルギーがある食材がないか聞く

すべての参加者が告知を見ているとは限らない。受付で保護者や子ども本人に聞くことをルール化して、確認漏れが起こらないようにするとよい

万が一に備えるために、食材の告知と、受付でのアレルギーの確認をルール化することをおすすめします。

9 必要な保険には必ず入っておこう

どうして保険の加入が必要なのか？

　子ども食堂で事故が起こる確率は、車の運転と同じで高くはありませんがゼロではありません。何かあったときに備えて自動車保険に入るように、「危機管理」のひとつとして保険加入は絶対に必要です。また、**保険の加入は、参加してくれる子ども・保護者、スタッフ、協力団体に対し、「安心・安全」に対する姿勢を示すことにもつながります**。保険は大きく分けて2種類です。ひとつは食中毒対応の保険、もうひとつは事故や怪我のための保険です。

食中毒に対応する保険の選び方

　保険会社への相談が一番早い解決法です。保険会社以外にも「食中毒対応」の保険があるかどうかは、行政や社会福祉協議会などに相談してみてください。まずは、保険会社で保険の知識や料金などの情報を得てから行政に相談をすることをおすすめします。パンフレットなどを持っていき、行政で対応できる保険があれば比較検討をして、より使いやすく料金の安い保険を選択してください。

　生産物賠償責任保険（PL保険）など飲食店向けの保険に加入する場合は「売り上げ予想」から保険料が算定されます。子ども食堂は営利活動ではないので高額な保険料にはならないはずです。また保険を

● 加入すべき保険とは？

	保険の種類	加入条件	費用の目安
食中毒対応	生産物賠償責任（PL）保険	飲食店営業許可がある場合は1年間の売り上げ予想から保険料を算出	保険料はさほど高くはならない ※飲食店営業許可がない場合は、1年間で来場する人数から保険料を算出されるため、保険料が高くなる可能性がある
事故や怪我の対応	ボランティア活動保険	社会福祉協議会などが窓口 （ボランティア個人が自身で入るもの）	「子ども会」レベルの活動でも使われる保険であり、安価である
	ボランティア行事用保険	社会福祉協議会などが窓口	保険料は安いが開催のたびに契約をしなければならない
	傷害保険	保険会社で契約。一年間の契約となる	ボランティア行事用保険に比べて保険料は高め

「保険料はいくらか？」「対応する範囲と内容は？」「対応が良いか？」を考えながら加入する保険を選びましょう。

選ぶときは保険料や補償金額だけでなく、保険が対応できる範囲と内容も考え、さらに保険内容の相談がしやすいところを選びましょう。

怪我に対応する保険の選び方

　社会福祉協議会が窓口となっている「ボランティア行事用保険」が保険料も安く利用しやすいと思います。開催のたびに毎回申請をする手間はありますが「子ども会」や「バーベキュー」レベルの活動内容として保険料が算定される場合が多いと思います。

　これ以外にも開催会場の火災保険などが必要になる場合もあるかもしれませんが、**最低でも食中毒対応と事故や怪我対応の保険の2つには入りましょう。**

10 開催地の学校・自治会などの協力を仰ごう

設立前の挨拶で、活動がスムーズに

　地域にはさまざまな役割を受け持っているキーパーソンがいます。例えば町内会長や自治会長などの地域組織の代表、PTA会長などの保護者の代表、それ以外にも児童委員や民生委員、地区社会福祉協議会（地区社協）といった地域の福祉を担っている方々です。そうした方々の協力を得られた場合は、地域内での信頼向上につながり、参加者やスタッフの募集、行政や企業との連携、食材提供、情報の拡散などで力を貸してもらえることがあります。逆に理解や協力が得られない場合は、そうした活動がなかなかスムーズに行えないかもしれません。ですので、できる限り事前に挨拶をしておくとよいでしょう。

　とはいっても、すべての方に挨拶をするのは難しいので、**まずは、町内会長や自治会長などの地域のことをよく知る人に相談して、最低限、誰に挨拶をしておくべきか、情報を入手しておくとよいでしょう**。

挨拶では、活動への理解を得ることをゴールにしよう

　初回の挨拶では、協力までは期待せず、**子ども食堂の開催について理解をいただくだけで十分**です。活動を続けていくうちに良い効果がその方々に伝われば協力してくれるはずです。

　もし理解が得られなくても子ども食堂は開催しましょう。実際に

● 地域のキーパーソンとその役割

キーパーソン	役割	得られる情報・サポート
町内会長、自治会長	地域の意思決定者	地域のさまざまなキーパーソンの紹介や地元企業の紹介。回覧板などでの開催の告知や地域で支援の輪が広がるような声がけなど
PTA会長、保護者会会長	保護者の代表	子どもたちや保護者への声がけ。ボランティアの声がけなど
児童委員、民生委員	住民と行政、あるいは適切なサービスとの「つなぎ役」	地域の気になる子どもの情報や高齢者の情報など。ボランティアの声がけなど
地域福祉協議会のメンバー	地域福祉の窓口	福祉相談や福祉情報の入手など

子ども食堂は地域との関りが非常に強い活動です。挨拶を面倒に感じるかもしれませんが、実際に活動するとさまざまな場面で「理解を得ておくこと」の大切さを実感するはずです。

開催した様子を見てもらえば協力していただける場合もありますし、開催を続ければ認めていただけるようにもなります。子ども食堂はキーパーソンのために行うわけではありませんから、理解が得られなくても「いつかはわかってくれる。今は目の前の子どもたちのために行おう」と割り切って活動を始めることも大切です。

地域の子どもたちのことを最も知る小学校や中学校

　地域の学校は子どもたちの情報が集まる場所です。協力が得られれば、子どもや保護者に対して子ども食堂の情報を拡散していただくこともできます。

静岡市子ども食堂ネットワークでは、月に一度、学校にお邪魔し、開催を告知するチラシを配付していただいています。その地域の家庭に広く情報を伝えることができ、とても助かっています。もちろん、最初からは学校の協力を得られないかもしれませんが、行政や地域のキーパーソンの方の紹介などがあれば面談の場をいただくこともできると思います。

　学校は公的な機関として保護者から大切な子どもを預かっている責任ある立場です。**学校が不安になるようなお願いや最初から多くのお願いごとを持っていくことは止めましょう。**具体的には、学校を使用しての子ども食堂開催のお願いや開催告知以外のチラシの配付依頼は避けた方がよいでしょう。地域のキーパーソンの場合と同様に、最初は子ども食堂開催の了承を得ることからのスタートでも構いません。

11 告知内容と献立を決定しよう

ネットと紙のチラシを併用。告知内容の決定は2か月前に！

1か月前にインターネット（ブログやSNS）で、2週間前に紙媒体（チラシ）での告知開始が理想です。初回はブログやチラシの作成に時間がかかることも考慮に入れると、**2か月前には告知内容を決定していないと間に合いません**。ですから、このタイミングで告知の方法と内容を固めましょう。

ネットではまずは告知の中心となるブログやホームページを開設しましょう。そこで常に新しい情報を上げ、一目で子ども食堂の開催予定や内容がわかるようにします。そして、その**ブログをLINEやTwitterなどのSNSを使って拡散**し、多くの人の目に留まる流れをつくりましょう。

初期の段階では、紙のチラシを重視しよう

ネット上での告知は、費用がかからないので重要な方法ですが、**まだ活動が浸透しない段階では、ネットより多くの人の目に留まる可能性が高いチラシなどの紙媒体での告知が有効**です。前述したように学校でチラシの配付をお願いしたり、回覧板や地域の掲示板・スーパーなどの店舗に掲示してもらったりして、認知度を高めていきましょう。

なお、開催2か月前のこの段階では、まずは「いつ、どこで、誰が、どんな趣旨で、いくらで、何を提供するのか？」という基本情報を決めることと、配付する場所のリストアップを行って、チラシの部数決定と費用の見積もりなどを進めていきましょう。

献立は大切！ メニューによっては子どもが来なくなる？

　告知内容のひとつである献立は、子どもたちに子ども食堂への関心を持ってもらうためにとても大切です。

　献立の決定の際、**避けなければならないのは献立に「一方的な開催者の思い」を押し付けること**です。「食べさせたい献立」であると同時に、「食べたい」と思ってもらえるような献立にしなければ、子どもたちは正直ですので、子ども食堂から足が遠のいてしまいます。例えば、自分たちが食べてもらいたい一品を献立に入れたら、子どもたちが「食べたい」と思える一品も入れるなど、お互いの思いが叶うような献立を工夫してみましょう。

「開催者の思い」を込めた献立の例

例 無農薬や自然農法。国産食材にこだわりたい

メリット
食の安全について信頼を感じてもらえる

デメリット
食材費がかかる

例 野菜を子どもたちに食べてもらいたい

メリット
家庭では野菜を食べなかった子が食べられるようになるきっかけを提供できる

デメリット
野菜嫌いの子が子ども食堂に来なくなる

子どもの好みや予算と、自分たちの思いのバランスを取った献立を考えてみましょう。

12 参加者を募集して、問い合わせに答えよう

明るく、楽しく、イメージが伝わるチラシを作ろう

　チラシ作成で気をつけることは、「いつ、どこで、誰が、どんな趣旨で、いくらで、何を提供するのか？」をきちんと書くことです。

　そのうえで、協賛してくれた企業のロゴやその回に行われる体験学習の内容など、子ども食堂の内容やイメージが伝わることをどんどん書いても構わないと思います。しかし、**学校によっては企業ロゴが入っている場合、配付が難しいと判断する可能性もありますので、前もって確認してもらいましょう**。また、子どもたちや保護者はチラシを見て子ども食堂に行くかどうかを判断することが多いので、文字だけでなくイラストや写真も入れて明るく楽しい雰囲気にしましょう。

　作成したチラシは開催日の1～2週間前に配付します。あまり早すぎると忘れられる可能性がありますし、直前では他の予定が入っているかもしれません。

インターネット上で開催を告知しよう

　チラシと並行してネット上で開催を告知しましょう。ネットでの告知の利点は常に最新の情報をアップできる速報性と、保護者の方がいつでもどこでも情報を確認できる利便性が紙媒体のチラシより優れていることです。さらに、直接手元に届くけれど情報量に限界のあるチ

ラシと併用することで、チラシで書ききれなかった子ども食堂の詳細な説明を行うことができます。このように2つの告知方法の特徴を押さえて活用することで、より効果的に情報を提供することができます。

誤解のない表現を考えよう

　<u>文字での表現は読み手側の解釈で本来の意図とは違った受け取り方をされる可能性があります</u>。そうした誤解が生じないようにするには、何度も読み直して表現の方法や伝え方を確認すること、そして自分だけでなく他のスタッフや第三者にも見てもらい、自分の意図した内容が誤解なく伝わっているか確認しましょう。

　そうしたチェックをしたとしても誤解を受ける場合もありますし、説明不足な部分について問い合わせが届く場合もありますので、問い合わせを受け付ける体制も考えておきましょう。

　電話対応が可能であれば電話番号を明記します。また、メールやSNSでの対応が可能であれば、メールアドレスやアカウント名なども記載します。**<u>電話対応でもメールでの対応でも基本は早く対応することが大切</u>**です。連絡がなかなかつながらなかったり、返事が遅かったりすると質問する側は不安になりますので早めの対応を心がけましょう。そうした対応の姿勢も、子ども食堂の評価につながります。

　クレームや運営に対する改善の要望は、子ども食堂を一生懸命頑張っている側からすれば耳が痛かったり、評価がほしいところでもありますが、**<u>より良い子ども食堂になるためのヒント</u>**でもあります。真摯に話を受け止めて改善できるところは直していきましょう。予算の都合や人手不足などの理由で改めることができない場合は「すぐに対応することは難しいのですが、今後の改善点として活用させていただきます」などと伝えて、相手側の気持ちも受け止めつつ今後の活動につなげていきましょう。

告知チラシの作成例

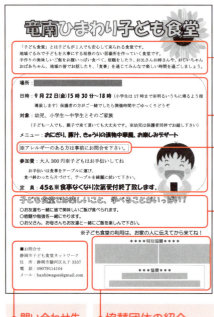

● **挨拶文**
子ども食堂のコンセプトや目指す雰囲気が伝わるように、簡潔な文章を考えてみましょう。

● **開催情報**
「いつ、どこで、いくらで、何を提供するのか」を載せたうえで、定員になったときの対応など、必要と考えられる情報を掲載しましょう。

● **アレルギーへの対応**
チラシにもこのように記載をしておくことで、アレルギーを持つ子どもに対して、事前に対応を準備することも可能になります。

● **食事以外の活動**
活動のイメージが伝わる写真があれば、ぜひ掲載しましょう。また、協力してくださる団体名も掲載しましょう。

● **問い合わせ先**
誰が主催者であるのかを示すとともに、参加予定者からコンタクトが取れるようにしておきます。

● **協賛団体の紹介**
掲載することで、協賛団体が地域の子どもを支援する姿勢を伝えられるとともに、子ども食堂にとっては、協賛団体の表示が信頼性向上につながります。

購入者特典

3種類の告知チラシの Word データがダウンロードできます。告知チラシ作成の参考として、またはテンプレートとしてご使用いただけます。ダウンロード方法については160ページを参照してください。

COLUMN
コラム

「子ども食堂の立ち上げで苦労したこと」①

　静岡市子ども食堂ネットワークは、おかげさまで現在、市内の6か所の子ども食堂をサポートをするまでに広がりました。しかし立ち上げ当初は説明がうまくいかず活動の趣旨を理解していただけないなど、うまく物事を運べなかった時期がありました。地元のキーパーソンの方への説明が足りず、子ども食堂の活動に不安を持たれてしまったために、運営がスムーズにいかなかったこともあります。

　しかし、そのたびに改善を繰り返し、「こうすればうまくいくことが多い」というノウハウを少しずつ獲得していきました。例えば、食中毒など事故が起きたときの対応に不安を持たれたときは、保健所との打ち合わせの内容を伝えたり、加入している保険の内容を伝えたりすることで安心してもらえるようになりました。

　また、自治会への相談では、意見が一枚岩でない場合もあり、一部の方に理解をいただいても、別の方々に反対されたこともあります。こうした場合は、自治会内部の人間関係が複雑に絡み合っていることも多くあります。人間関係の問題には深入りはできませんので、うまく距離を取りながら、さまざまな資料を用意して理解してもらえるように説明します。それでも納得が得られないときもありましたが、まずは活動を続けて地域のスタッフや子どもたちの評価を上げることで、時間がかかりましたが理解を得られるようになりました。

（つづく　112ページへ）

memo

子ども食堂の運営の仕方

この章では、子ども食堂の事前準備から当日の運営、開催後のフィードバックの基本的な方法までを紹介します。当日の反省をどのようにして次の開催の改善につなげていくのかは特に重要なポイントですので、意識して運営にのぞんでみてください。

次回の開催まで1週間前	次回の開催まで2週間前	当日 or 後日	当日 or 後日	開場から約2時間
10	**9**	**8**	**7**	**6**
チラシでの告知を開始する	インターネットでの告知を開始する	次回の計画を立てる	反省会をする	後片付けをする
近くの学校での配付依頼などをして、多くの人の目に子ども食堂の情報が届くようにしましょう。	ブログを更新し、決まった献立などの最新情報をお知らせしましょう。更新した記事はSNS等で拡散して、より多くの子どもたちや保護者に情報を届けましょう。	次回の日程と内容を決めます。早めに献立は決めておきましょう。内容が決まったらチラシを作り始めましょう。	当日でも後日でも構いませんが、子ども食堂当日に発生したことはスタッフみんなで話し合って情報の共有と、次回の対応策などを確認しましょう。	後片付けはスタッフ、子どもたちとみんなで行いましょう。
第3章6 108ページ	第3章6 108ページ	第3章6 108ページ	第3章5 106ページ	

子ども食堂開催当日〜開催直後にすべきこと一覧

開催までの時間

| 3時間前 | 1時間前 | 食事前（食事後） | 開場から約1時間 |

1 食材・会場の用意をする
食事や学習支援を行うスペースの用意、衛生面などの準備をして子どもたちを迎える準備をしましょう。

第3章1
92ページ

2 食事を作る
子どもたちに喜ばれるおいしいご飯を頑張って作りましょう。

第3章1
92ページ

3 子どもたちを迎える細かい準備をする
役割に沿ってそれぞれの仕事を始めましょう。子どもたちはもうすぐ来ます。

第3章1
92ページ

4 学習支援や体験学習などを行う
ご飯を食べる前に勉強する習慣を身につけられるようにすると、保護者からも喜ばれます。

5 みんなで楽しく食事をする
いよいよメインの活動です。みんながおいしく食べてくれると嬉しいですね。

第3章2〜4
96ページ

1 本番前にしっかり計画を立てよう

スムーズな運営のポイントは事前のタイムスケジュールにあり

　子ども食堂では想定していなかったさまざまなことが起こります。そうした事態に余裕を持って対応するためにも、**想定内の仕事についてはしっかりと計画を立てておくことが大切**です。具体的には、各スタッフの役割分担を決め、時間の流れに合わせて、それぞれの仕事内容をスケジュールに落とし込みます。

タイムスケジュールの具体例

　静岡市子ども食堂ネットワークでは**17時に食べ終るようにスケジュールを組んでいます**。これは、保護者が迎えに来ず、ひとりで帰る子どもたちを暗くなる前に家に帰すためです。そのため、食事の時間を少々早めに設定しています。

　その場合、16時の食事開始の1時間前、つまり15時には調理を終えます。そして直前の1時間で食器の準備や配膳を行います。15時に30人分以上の調理を終えるためには2〜3時間前には調理を始める必要があります。

　つまり、12時頃には集合して準備を始めることになります。特に子ども食堂を始めたばかりの頃は、余裕を持って少し早めに準備を始めることをおすすめします。

● タイムスケジュールの1例

スタッフ名	Aさん	Bさん	Cさん	Dさん	Eさん	Fさん	Gさん
役割	全体責任者（タイムキーパー／来客・緊急対応）	調理担当（子ども対応）	調理担当（子ども対応）	配膳担当（子ども対応）	配膳担当（子ども対応）	受付担当	交通安全担当
12:30 事前 MTG	事前 MTG	事前 MTG	事前 MTG	事前 MTG	事前 MTG	事前 MTG	事前 MTG
13:00 調理開始	会場準備の手伝い	調理	調理	机など整理	机など整理	机など整理	机など整理
15:00 最終準備		衛生管理／食事運び出し	衛生管理／食事運び出し	配膳準備	配膳準備	受付準備	案内用の旗など準備
15:30 受付開始	緊急対応等			配膳	配膳	受付	子ども誘導（屋外で子どもの見守り）
16:00 食事開始		子ども対応	子ども対応	子ども対応	子ども対応		
18:00 子ども食堂終了	緊急対応等・掃除	調理場片付け	調理場片付け	机など整理・掃除	机など整理・掃除	机など整理・掃除	
18:30 事後 MTG	事後 MTG	事後 MTG	事後 MTG	事後 MTG	事後 MTG	事後 MTG	事後 MTG

購入者特典
スタッフ間のスケジュール共有に便利なこちらの表がExcelファイルとしてダウンロードできます。ダウンロード方法については160ページを参照してください。

タイムスケジュール作成時の注意点

1時間前に調理を終えておくことには配膳準備以外の理由もあります。**あまり早く完成させてしまうと調理の衛生条件のひとつである「直前加熱」をしたことになりません**。逆にぎりぎりの調理開始では30人以上の食事が完成できない可能性もあります。もちろん完成した後の衛生・温度管理もきちんと行ってください。ご飯や再加熱が簡単な味噌汁やスープを先に作り、焼き物、揚げ物、サラダ類など再加熱や保存が難しいものは最後に調理するようにします。

スタッフに事前共有しておくことは？

作成したスケジュールはスタッフ間で事前に共有しておき、各自の役割や作業の流れを確認してもらいましょう。私たちの子ども食堂で

はスケジュールや役割の確認は次の３種類の方法で行っています。

> ■スタッフとの情報共有の方法
> 1 　子ども食堂開催日の前にスタッフが集まり、次回の子ども食堂のスケジュール・役割を話し合う。
> 2 　子ども食堂が終わった後に反省会を開き、次回の子ども食堂のスケジュール・役割を話し合う。
> 3 　1や2に参加できないスタッフには、SNSやメールで次回のスケジュール・役割を周知する。

　その際、**自分以外のスタッフの役割を理解してもらうことが大切です**。開催日当日は自分のことで精一杯になりがちですが、全体の動きを理解しておくことで、自分の作業の意味を再確認でき、他のスタッフとの連携がスムーズになります。

　また、**以前に起きた問題の原因、その対処結果や今後の予防・対応方法なども共有します**。話し合った内容を書類などに残して保管しましょう。SNSやメールの場合もそれを文書化して保管します。そうすることで、スタッフ間の情報共有に役立ち、後に参加する新しいスタッフに説明する際の大切な資料になります。また、そうした問題解決のプロセスを資料に記録しておくと、行政など第三者への説明時に活用でき信頼獲得にもつながります。

「想定外」のことが起きる可能性を常に皆で意識する

　スケジュール以外で、共有すべき最も大切なことは**アクシデントが起きた際の対応策**です。子どもの忘れ物から、子どもたち同士のケンカ、食事の吐き戻しや怪我まで、子ども食堂ではさまざまな想定外の事態が起こります。そうしたときに「誰が、どう動いて解決し、そ

スタッフに事前に共有しておくべきこと

☐ **当日のタイムスケジュールの確認**
　・各自の役割分担と作業の流れを理解してもらう
　・自分以外のスタッフの動きを理解してもらい、連携しやすくする

☐ **過去に起きた問題の報告**
　・原因と対処結果を報告し、予防・対応方法などを共有する

☐ **アクシデント対応策の確認**
　・定員より多い参加者が集まった場合の対応／忘れ物の対応／子ども同士のケンカ／食事の吐き戻し／怪我など
　・どの担当者がどう動くか？その後のフォローをどうするのか？を事前にまとめておく

の後をフォローするのか」をみんなで共有しておきましょう。

　そうしたノウハウを蓄積していくことで子ども食堂の運営は安定し、実績も増えていくことになります。ですから、思わぬアクシデントが起きても**子ども食堂の運営が安定するために必要な事柄**であるととらえてあまりネガティブにならずに、前向きにとらえ解決していきましょう。

2 いよいよ本番、楽しくかつ安全に運営しよう

意識して、楽しい雰囲気にしよう！

　子ども食堂の最中、特に初期のうちは自分のやるべき仕事に精一杯で楽しむ余裕はないかもしれません。しかし、**子ども食堂では「スタッフが楽しむ」ことがとても重要です**。なぜなら、スタッフが楽しめていないことを子どもたちは敏感に感じ取ってしまうからです。そうなると、子ども食堂を楽しみにして来てくれた子どもの気持ちにも影響を与え、次からは来なくなってしまうかもしれません。

　場合によっては、つらく厳しい環境にある家庭の子どもたちの姿を見たり、子ども食堂に対する周囲の無理解から心無い中傷を受けたりして、楽しい気持ちでは運営を続けられないかもしれません。それでも子ども食堂は涙やしかめっ面で行わずに笑顔で続けるべきです。**スタッフ同士でどうしたら「より良く」「より楽しく」行えるのかを話し合い**、子ども食堂を楽しみに来る子どもたちと保護者を増やしていきましょう。

ミスや気になった点を書き留めて運営技術をレベルアップ！

　子ども食堂では、全く想定していなかったことが起きます。良いことであればいいのですが、悪いことやミスした部分など、反省して改善しなければならないことの方が多く目につくと思います。

楽しい雰囲気を生み出すコツ

☐ **子どもたちに楽しんでもらう工夫**
- 子どもたちは、スタッフの気持ちを敏感に感じ取るので楽しい時間を提供できるように笑顔で運営を行う
- みんなで一緒に楽しめる企画を用意する

☐ **雰囲気を暗くしないための工夫**
- 子どもの家庭環境や学校生活のことなどを深く追求しない
- 自由にさせてあげてよい状況なのか、それとも、きちんと叱らなければいけない状況なのかを考えて対応する（大人にとっての「良い子」であることを押し付けない）

それぞれのスタッフの心がけひとつで、子ども食堂の雰囲気は変わります。子どもたちだけでなく、自分たちも楽しめるようにアイデアを出し合ってみましょう。

　気になった部分を皆で書き留めて、反省会を開き、問題を共有して解決案や改善案などを話し合いましょう。問題点やミスを見逃さず、改善につなげることで、子ども食堂の完成度を高めていきます。
　子ども食堂のレベルや内容は一足飛びには上がりません。こうした地道な改善や新しいチャレンジの積み重ねで周りから評価される子ども食堂となっていきます。先が長い活動だからこそ、その積み重ねが大切です。

安全に運営するコツ

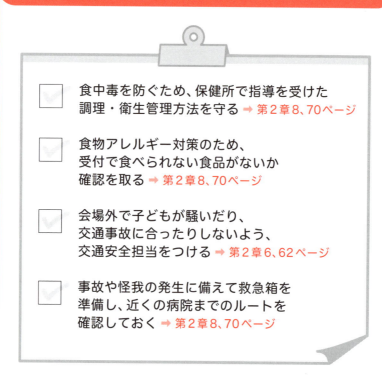

- ☑ 食中毒を防ぐため、保健所で指導を受けた調理・衛生管理方法を守る ➡ 第2章8、70ページ
- ☑ 食物アレルギー対策のため、受付で食べられない食品がないか確認を取る ➡ 第2章8、70ページ
- ☑ 会場外で子どもが騒いだり、交通事故に合ったりしないよう、交通安全担当をつける ➡ 第2章6、62ページ
- ☑ 事故や怪我の発生に備えて救急箱を準備し、近くの病院までのルートを確認しておく ➡ 第2章8、70ページ

今まで紹介した「安全に運営するコツ」をまとめました。不明な箇所があれば、戻って確認しましょう

3 よく出合うトラブル対処法 ～子ども対応編～

いざというときに慌てないために

　子ども食堂を運営しているとさまざまな問題が発生します。実際に私たちの子ども食堂で起こったことを中心に、予想されるトラブルとその解決方法を説明したいと思います。

トラブル① 子どもたちが会場の外で遊んでしまう

　子どもたちは元気の塊です。友だちと楽しく過ごしているうちに気持ちが高ぶってきて、子ども食堂の外で遊んでしまうことがあります。子ども食堂を行っている部屋の外の廊下で遊んだり、戸建ての会場であれば外の道路などで遊んでしまいます。**場所や状況によっては危険な場合もありますし、近隣の方からクレームが入ることもあります。**実際に私たちの子ども食堂では、廊下や建物の外で大きな声で騒いだり、近くの塀に上ってしまったり、排水溝で遊んだりすることがありました。

　子どもたちが元気なことは嬉しいのですが、危険な遊びを始めてしまったり、目の届かないところに行ったりしないよう、私たちは、交通安全スタッフを中心に室外対応をしています。子どもたちが危険な遊びをしてないか、大きな声で騒いで迷惑になっていないかの確認をして、仮に**そうした状態を見かけたら、やんわりと誘導して遊び方**

を変えるようにしています。また、目が届かない場所で遊んでしまった場合に備えて、近隣にお住まいの方々から情報をいただけるように、子ども食堂のチラシに私たちの電話番号を載せています。

トラブル② 参加した子どもが忘れ物をした

　忘れ物をする子どもは意外と多いです。誰の持ち物かわかる場合は、次回の開催時に渡したり、家まで届けたりしますが、落とし主が不明な場合は一時的に預かることになります。

　あまり長く預かることもできませんから、**私たちは、落とし物を管理する担当者を決めて3か月程度預かり、その後は処分することにしています**。チラシに問い合わせ先の電話番号を載せていれば、保護者から落とし物の確認や問い合わせの電話が入ってきます。その際に、いつの子ども食堂で何を落としたのかを確認して、間違いなければ落とし物担当者が手渡しでお返しします。なお、私たちのように、一定期間の保管後に処分する方針をとる場合は、トラブルを避けるためにもチラシやHP上で方針や具体的な保管期限を明記しおくのがよいでしょう。

トラブル③ 保護者に伝えずに子どもだけで来てしまった

　保護者に伝えないまま来てしまう子どもたちもいます。帰宅する時間に子どもが帰らないという状況は、事故や事件を連想させ、保護者をとても不安にしてしまいます。このような状況でまず大切なのは、**保護者や学校がいつでも子ども食堂への問い合わせができ、スタッフがいつでも問い合わせに対応できる状況を整えておくこと**です。そのためには、開催の挨拶やチラシ配付のお願いなどを通して学校や自治会などと連携をとっておくことが重要なのです。

実際に、保護者が学校に問い合わせをし、学校から子ども食堂に問い合わせの電話が入ったこともありました。保護者が学校に連絡しても子どもの居場所がわからず、警察に電話した後に子ども食堂にいた、ということになれば大騒ぎになるだけで済みますが、実際に事故や事件に巻き込まれていたとなると取り返しがつかないことになります。

子どもたちにも「子ども食堂に来るときはお母さん、お父さんに声をかけてから来てね」というルールを伝え、覚えてもらうことが大切になります。

トラブル④　子ども同士のケンカが始まってしまった

　子ども食堂内でケンカを始めたり、学校での関係を子ども食堂に持ち込んで派閥が生まれたり、いじめが起きたりする場合もあります。子ども食堂には、子どもたちが自主的に来る場合が多いので、一度でも嫌な思いをすればその子は二度と来てくれなくなるばかりか、子ども食堂に嫌な思い出やトラウマを持ってしまう可能性も少なくありません。

　ですから、これも担当者を決めておき、ケンカの際に原因を聞いて納得させるなどの仲裁を行ったり、いじめの場面を目にしたら、**いじめられた子・いじめた子の双方のフォローをするようにしましょう**。担当者は、全体責任者が兼任するか、子どもたちの様子を確認する専門の「子ども対応」スタッフを用意しましょう。子どもたちとのコミュニケーションを上手に行える方や教員、子どもたちと関連のある仕事をされている方が良いと思います。また、このような事態を想定して社会福祉士などに相談し、対応の仕方を学んでおくことも対応の参考になります。

よく出合うトラブルとその対応法①

■ **子どもたちが外で遊んでしまう**
＜対応＞見守り担当者をつけて、危険な遊びや近隣に迷惑がかかる遊びをしないように促す

■ **参加した子どもが忘れ物をした**
＜対応＞忘れ物担当者を決めて保管しておき、インターネット上で忘れ物をお知らせする仕組みをつくる。また、一定の期間が過ぎたら処分するというルールを決めておくとよい

■ **保護者に伝えずに子どもだけで来てしまった**
＜対応＞子ども食堂には保護者に言ってから来るよう子どもによく伝える。また、保護者や学校から「気軽に、いつでも、確実に」連絡が取れる体制を整えておく

■ **子ども同士のケンカやいじめが始まってしまった**
＜対応＞いじめられた側、いじめた側の両方をフォローできる体制を準備しておく。社会福祉士などの専門家に相談するなどして、対応方法を学んでおくことも大切

トラブル⑤ 子ども食堂に馴染めない子どもがいる

　小さなお子さんの場合には保護者の意向で子ども食堂に連れてこられるケースも多いです。そうした場合でも、多くの子は楽しんでくれますが、中には場の雰囲気に馴染めなかったり、たくさんの人たちと交流するのが苦手な子もいます。保護者の考えも大切ですが当の本人が嫌がっていれば、その子にとって、子ども食堂の活動は逆効果にもなりかねません。そうした子どもには「子ども対応」のスタッフがついて馴染むまで一緒にいてあげるなど様子を見ましょう。

4 よく出合うトラブル対処法 〜保護者・スタッフ編〜

トラブル⑥ 保護者が子どもを置いて行ってしまう

　中には子どもを黙って置いて行ってしまう保護者もいます。子ども食堂と並行して学童保育など「子どもを預かる」行為をしていないのであればチラシや入り口にその旨を書いておくことが重要です。私たちの子ども食堂では、入り口で受付を行い、子どもだけでなく**保護者にも名前と住所と連絡先を書いてもらう**ようにして、保護者が見当たらなくなったときやトラブルが発生したときに電話で連絡ができるようにしています。これも事故や事件を防ぐ大切なルールとなっています。

トラブル⑦ スタッフ同士の思いが異なり、衝突してしまう

　子ども食堂のスタッフは皆さん「子どもたちと保護者、地域の皆さんに喜ばれたい」という思いでボランティアをしてくださっています。それはとても素晴らしく必要な思いなのですが、**人によって思いの方向性と熱意が違う**ので、活動の最中に意見の違いが表面化することもあります。

　細かなことでいえば、食事の提供をシステマチックに効率よく行って、子ども食堂が混乱しないことを優先する方もいれば、家庭的な雰囲気で子どもたちが安心して食事ができるように、あまりシステ

マチックにしたくない方もいます。

　もっと大きなところでいうと、子ども食堂の活動の柱として、食事提供を重視している人もいれば、学習支援や子育て支援の活動を重視する方もいます。

　その子ども食堂での優先順位を決めておいたり、状況によって対応を考えたりしましょう。

　具体的にいえば、「貧困支援・孤食対策・食育の一環」としての子ども食堂であれば「食事提供」中心となります。「地域交流・世代間交流・子育て支援」が中心であれば食事提供以外の活動も重要となります。ですから、最初に決めた**「子ども食堂のコンセプト」を忘れずに意見が衝突したら最初に立ち戻ることが大切です**。しかし、子ども食堂を続けていくうちに活動の幅を広げて「進化」するタイミングもありますから、意見が衝突したときは子ども食堂が進化するときなのか、当初のコンセプトに立ち戻るときなのか、話し合いで決めていきましょう。

トラブル対応のまとめ

　今まで紹介してきたトラブルについては、あらかじめ対応策を検討しておき、トラブルやクレームが発生した際にすぐに対応できる体制を整えておきましょう。なお、**トラブルやクレームへの対応は最終判断者である全体責任者が行うことが最良**です。

　また、「子どもだけでなく、付き添いの保護者にも必ず受付をしてもらう」などのルールづくりはとても重要です。ルールで縛り付けられて自由度がなくなってしまうと、子ども食堂が窮屈になってしまうおそれがありますが、それがないと混乱した子ども食堂になってしまいます。縛り付けるようなルールではなく**訪れたみんなが楽しくいられるようなルール**をつくってみんなで納得して守るようにしましょ

よく出合うトラブルとその対応法②

■ 保護者が子どもを置いて行ってしまう

＜対応＞子どもだけでなく保護者についても、受付で氏名、住所、連絡先を書いてもらうようにルール化しておく。子どもが自分の意志で子ども食堂に来ておらず、場に馴染めない場合はフォローする担当者を決めて対応する

■ スタッフ同士の思いが異なり、衝突してしまう

＜対応＞スタッフ全員で話し合い、やるべきことの優先順位を決める

子ども食堂を続けていくと、これ以外にもさまざまなトラブルと出合います。そのたびに、ルール化したり担当を決めて対応したりすることで、子ども、保護者、スタッフにとって満足度の高い活動ができるようになります。

う。
　そして迷ったときには「誰のための、何のための子ども食堂だったのか」に立ち戻ってトラブルに対応するようにしましょう。
　一度起きたトラブルについては、反省会でスタッフ全員で解決方法を話し合い、ルールに盛り込む作業が必要となります。

5 事後の振り返り①　反省会を行い運営の質を上げよう

事後の振り返りが、地域に愛される活動につながる

　事後の問題点を振り返って今後の対応策を考えることは、とても重要です。こうした反省を行わないと同じ問題が繰り返され、**子どもたちやスタッフが離れていく原因**にもなります。

　そこで、子ども食堂の閉会後に反省会を行って問題点の洗い出しを行い、具体的な改善方法を決めましょう。次ページに話し合うべき内容を紹介していますので参考にしてください。

　なお、理想としてはスタッフや会場の都合がつけば、「問題点の洗い出し」と「改善点の話し合い・決定」の会議は別日に分けてじっくり話し合うことをおすすめします。

反省会をうまく行うためのコツとは？

　子ども食堂開催中は問題の発見、直後の反省会では問題の共有、解決方法の話し合いというように**「発見→共有→解決」を全員で行う**と意識してください。その他、さまざまなことを自由に話をしてもよいと思いますが、**決して発言した人の批判や対応策の批判、子どもたちや利用者の非難をしない**ように心がけましょう。建設的な話し合いの場だと理解して、次につなげていく意識を持って行いましょう。

　また、**参加したスタッフ全員が発言することも大切です**。一部の

反省会で話し合う内容

- ☐ その日に起きたアクシデントとその対応の報告
  ➡ 今後の対応策の検討

- ☐ 気になった子どもや保護者の共有
  ➡ サポート体制の確認

- ☐ 献立の評判や評価
  ➡ 評価が低い献立については原因を分析

- ☐ スタッフの役割分担から見た問題点や気づき
  ➡ 改善策の検討・ルール化

> 反省会を成功させるためのポイントは、スタッフ全員が発言することと、批判を目的とせず建設的な議論をすることです。
> また、3章6（108ページ）で説明する次回の開催日程についても同時に話し合いましょう。

声の大きな人だけが発言するのではなく、参加した全員が話すことで気づきの可能性を上げたり、さまざまな価値観を確認できます。

6 事後の振り返り②
次回の計画を立てよう

次回の開催日時の決定

　反省・改善点の話し合いと同時に次回の開催日程を決めます。**開催日程を考えるポイントは、地域で行われる運動会や家庭訪問、大型イベントなどの有無**です。そうしたイベントがあると来場する子どもの数が減ります。それを把握したうえで、開催会場の空き具合とスタッフのスケジュールを考慮して日程を決めましょう。もし、どうしても他のイベントと重なってしまう場合は、用意する食事の量を忘れずに調整しましょう。

　なお、**開催日を「月初めの月曜日」「月の最終の木曜日」などと決めておく**と子どもたちや保護者、スタッフも覚えやすく、スケジュールを調整しやすいという利点があります。

予算の検討

　開催日程が決まったら、次の子ども食堂の２週間前をめどに開催に向けた話し合いを行います。現状のお金の状況を共有して、次回の予算を話し合って決めましょう。まずは、前回の予算がどう使用されたかを報告します。予算以上に食材費や消耗品がかかる場合も多々ありますし、食材の提供を受けて予定より食材費が下回る場合もあります。今後、適正な予算を組むための参考にしましょう。

月によって予算にメリハリをつけるのもよいと思います。例えば、クリスマス時期で、ちょっと豪華な食事にしたいなら12月の予算を多めに組むなどです。そのために11月や10月の献立を工夫して、労力と予算を12月に回してもよいでしょう。

次回の献立の決定

　献立は予算と密接に関係します。予算から献立を決定する場合と献立から予算を決定する場合の2種類の方法があります。クリスマスや雛祭り・子どもの日など、イベント性を出したいときとそうでない場合では献立は変わってくると思います。

食材の買い出しと調理方法・手順

　献立を決めたら、食材の購入方法についても決めておきましょう。特別な食材を使う場合や、食材を提供してくれる方がいる場合には、遠くまで取りに行くこともあります。担当者の負担にならないように皆で手分けをするのか、担当者に任せて効率よく買い出しと調達を行うかを話し合ってください。また、**調理方法の確認と調理の役割分担も話し合い、子ども食堂当日にバタバタしないようにしましょう。**

学習支援の準備

　学習支援を行う場合は子どもたちの持ち込んだ宿題やプリントを教えるのか、子ども食堂側でプリントやテキストを用意して学習支援を行うのかを話し合います。こちら側で用意する場合は学年別に用意しなければなりません。また、学校の授業の進捗を理解して子どもたちに対して「予習」となるのか「復習」となるのかを判断して、教材を

用意する必要もあります。実施のポイントについては第4章1（114ページ）でも紹介していますので参考にしてください。

体験学習の準備

実施する場合には、その内容に合わせて段取りと役割分担を決めておく必要があります。また、他団体とのコラボ企画であれば、その受け入れ体制についても考えておきましょう。実施のポイントについては第4章1（114ページ）でも紹介しています。

チラシ・ＨＰの内容の決定

基本的に、前回配付したチラシから変わった点を直して次回配付用のチラシにしますが、毎回同じデザインや構成では見る側の興味も薄れていくかもしれません。**季節感を出したり、参加してほしい体験学習などを大きくPRして常に興味を持ってもらえるようなチラシ内容を心がけましょう。**

また、ブログやSNSでも次回の子ども食堂の特徴やぜひ体験してほしい内容・献立などをPRしましょう。

次の子ども食堂開催に向けて話し合う内容

☐ **開催日の決定**
- 候補日に、学校行事や地域で行われるイベントがないか確認する
- 他のイベントと重なる場合は、準備する食材の量を減らすなど、対応を検討する

☐ **予算の決定**
- 前回開催時の結果を見て、適正な予算を組む参考にする
- 現状のお金の状況や、次回の献立を考えながら予算を決める

☐ **献立の決定**
- 予算や開催時期のイベントなどを考えながら決める

☐ **食材の買い出し・調理準備**
- 食材の調達は、担当者に負担が集中しないよう必要があれば分担する
- 当日にバタバタしないよう、調理法や作業の分担についても話し合っておく

☐ **学習支援**
- 実施する場合には、どんなテキストを誰が準備するのかも決めておく

☐ **体験学習**
- 実施する場合には、体験学習の内容をスタッフ間で共有し、当日の段取りや役割分担について話し合っておく

☐ **チラシ・PR**
- 次回開催の目玉になるような献立やイベントなど、前回と変えるところを中心に話し合い、方針を決める

当日の全体責任者は、話し合いで決まったことを第3章1（92ページ）で紹介したタイムスケジュールに落とし込み、準備を万全にして子ども食堂の開催に備えましょう。

**COLUMN
コラム**

「子ども食堂の立ち上げで苦労したこと」②

　（87ページから）行政や団体との関わり合いでも苦労したことがあります。行政は基本的に、将来的に子ども食堂がその地域にとって重要で意味のあることであると理解してくだされば、応援してくれます。しかし、行政側に子ども食堂の将来像をうまく説明することができなかったり、お互いのイメージが離れていたりすると、行政との協力や連携も難しくなります。

　私たちも当初は子ども食堂のゴールのイメージを明確にすることができず、行政に相談してもなかなか理解していただけない時期もありました。そんなときは、いったん素直に諦めて活動で実績が出せるように努力しました。そして、活動に進捗があったときには、再び説明を行っていきました。このように、言葉と行動の両面を見てもらうことで、現在では、活動を理解してくださる方も増え、相談できる窓口や担当者の方にも恵まれつつあります。

　立ち上げ時には、誤解や無理解に振り回されることもありますが、この本で説明しているように、コンセプトを明確にして、保険の加入や保健所への相談などやるべきことを行い、それをきちんと説明していくことが、活動を理解をしてもらうための近道となります。

子ども食堂の続け方・広げ方

地域で愛されるような活動を続けていくためには、協力してくれているスタッフや企業・団体などとの関係を強固なものにすることが大切です。また、地域からより必要とされる存在になるために、参加者や地域のニーズに合わせて活動の幅を広げたいと思うタイミングがやってくるかもしれません。この章では、そうした子ども食堂の続け方・広げ方について紹介していきます。

1 食事提供以外の活動に挑戦してみよう ①学習支援・体験学習

活動の幅を広げれば、必要とする人も増える

　第1章で紹介したように、子ども食堂は食事提供だけではなく、子どもたちに「楽しい学び」や「発見」を、大人たちには「居場所」や「生きがい」を提供することができます。提供できることの幅を広げることで、色々な理由で子ども食堂に価値を見出す人が増えていき、地域からより必要とされる存在になるのです。

　私自身、**子ども食堂は「食事提供を中心とした子どもたちへの助け舟であり、地域との交流の懸け橋」の場**だと思っています。これから紹介する学習支援や普段関わることのない世代との交流などの活動は、そうした助け舟や懸け橋の一例です。地域のニーズを探ったうえで、必要とされる活動があれば積極的にチャレンジしてみることをおすすめします。

学習支援

　子どもの仕事は「良く食べ・良く遊び・良く学ぶ」ことだといわれます。学習支援は、普段の活動にプラスすることでこのうち2つをカバーすることができるようになるため、子ども食堂と相性が良く、保護者からも喜ばれることが多い活動です。
　学習支援のニーズが高いのは、経済的に塾に行けない子がいる場

学習支援・体験学習の成功のコツ

■ **学習支援**
- 経済的に塾に行けない子がいる場合や、近くに塾がない場合に特に喜ばれる
- 食事前に実施するのが基本。嫌なこと（宿題など）を先にやってから楽しいこと（食事や遊びなど）をさせる。ただし、早く帰る子の場合は、メインの活動である食事をしてから勉強に取り組んでもらう
- 実施前に、どんな教材を誰が準備するのかをきちんと考えておく
- 勉強することを強制しない。途中で飽きても強制しない

■ **体験学習**
- 子どもたちが自分の体を動かせるような企画にする
- 内容や時間によって食前がよいのか、食後がよいのかを考える

合や、近くに塾がない地域で開催する場合です。実施方法としては、子どもたちに学校の宿題を持ってきてもらうパターンと、プリントや教材を用意して予習や復習のサポートをするパターンがあります。

　学習支援を成功させるコツは強制しないことです。無理やり全員で同じことをさせなくても他の子が楽しそうにしていれば、自然とやり始めます。途中で勉強に飽きたとしても強制せず、なぞなぞや折り紙を一緒にするなど遊んであげるのがよいと思います。なお、学習支援は食事の前に実施するのがよいでしょう。食事や遊びといった楽しい時間の前に、勉強・宿題といった嫌なことを先に済ませる習慣をつけた方がよいと考えられるからです。

　実施にあたっては、**元教員・元塾の講師など教育に携わったことのあるスタッフや、現役の高校生・大学生のスタッフ**がいると心強い

第4章　子ども食堂の続け方・広げ方

です。また、そうしたスタッフにとっては、自分の知識や経験を活かすことができるため、子ども食堂にやりがいを感じるきっかけになることが期待できます。

体験学習

　学校の成績の向上につながるのが学習支援であれば、子どもたちに普段体験できないことを経験してもらい、**子どもたちの将来の可能性の幅を広げたり、広い視野と世界を知ってもらうのが体験学習の目的**です。可能であれば体験学習を「イベント」として盛り込んでいきましょう。

　なお、私たちの子ども食堂では、以下のような体験学習を実施しました。

＜昔ながらの遊び＞
　紙芝居、コマ回し、竹トンボ、紙飛行機作りなど

＜ミニコンサート＞
　クラシックミニコンサート、三味線ミニコンサート

＜屋外での活動＞
　田植え・稲刈り、野菜の収穫体験、バーベキュー

　体験学習を成功させるコツは、見たり聴いたりするだけでなく、子どもたちが体を動かせる内容にすることです。例えば、三味線などのミニコンサートを実施する際は、演奏を聴いた後に体験させてもらえる時間を設けています。また、開催時間は内容によって考えるのがよいでしょう。体験学習の内容が会場全体を使うのであれば、食事の後の方が、体験学習の準備と同時にテーブルや椅子を片付けられるためスムーズに進行できると思います。

コラボレーションをすることで、可能性はもっと広がる

　体験学習は、自分たちだけでは行うこと・続けていくことが難しい活動でもあります。他団体とコラボレーションすることで活動の種類が増え、定期的に実施できるようになります。一方で、活動を発表する場を探している団体も少なくありません。ですから、体験の場を提供したい食堂側と、自分たちの活動を知ってもらいたい団体はとても相性の良い組み合わせとなります。例えば、そうした団体と1年に1回のコラボレーションをするとして、12の団体とつながりを築けば、1か月に1回の体験学習が可能になります。

　他団体との交流は、体験学習のバリエーションを増やすだけでなく、情報を交換したり活動を紹介し合ったりとさまざまな助けとなることも多いので、広く交流を行っていくことをおすすめします。

2 食事提供以外の活動に挑戦してみよう ②地域交流・世代間交流

子ども食堂自体が「地域交流」の場になる

　広い意味でいえば、子ども食堂の活動自体がすでに地域交流になっています。活動を続けていくうちに、子どもとスタッフが顔なじみになります。すると、**地域の中で知っている人が増え、子どもが安心して暮らせる環境**をつくることにつながります。スタッフの側としても、他のスタッフや参加する子ども、その保護者とのつながりができ、新しい交友関係を得ることができます。

　また、地域で孤立している保護者にとっては、子どもたちとの食事を楽しみに来てくださる地域の方と交流ができ、コミュニティに溶け込むきっかけとなります。このように、子ども食堂を続けることで、特別なことをしなくても子どもたち・保護者・スタッフなどの交流の一端を担うことができます。

　なお、私たちの子ども食堂では、**見学者の受け入れを積極的に行ったり、参加希望者への説明会を開催したりするなど、交流が増えるような工夫を行っています**。また、地域の方々との交流のきっかけとなるよう、子ども食堂の開催日には会場の入り口で挨拶や声がけを行っています。地道な活動ですが大切な行動だと考えています。

地域交流・世代間交流の成功のコツ

■ 地域交流
・さまざまな方が参加してくれるように、見学希望者の受け入れや参加希望者への説明会を開催する
・会場を通りかかった方に挨拶や声がけを行うなど、交流のきっかけづくりを行っている

■ 世代間交流
・高齢者を迎える場合には、事故の発生や子どもとの献立の好みの違いに注意を払う
・お客様として来てもらうのではなく、スタッフの一員として参加してもらうことで、子どもたちとの交流の機会をつくりやすくなる

すべての人にメリットがある「世代間交流」

　世代間交流には、子ども、保護者、高齢者のそれぞれにメリットがあります。現代では核家族化が進み、同級生や保護者以外の世代とつながりがない子どもたちもいます。また、子育てに悩んでも相談できる人が周りにいないという保護者もいます。そうした人々にとっては、普段出会わない世代と交流できる子ども食堂は貴重な機会となります。

　一方で、お孫さんがいない高齢者は、子どもと触れ合う機会が限られています。そうした方々の中には「たまには元気な子どもたちと一緒に食事をしたい」「たまには大人数でワイワイ食事をしたい」という思いを持つ人もいます。子育て経験がある方に参加していただけたら、育児に困っている保護者にアドバイスしてくれることがあるかも

しれません。

このように、「子どもたち」「子育て中の保護者世代」、そして「高齢者」の三世代が交流することは、それぞれにメリットをもたらします。

高齢者の方々に参加してもらうときの注意点とは？

　私たちのところにも、地域で高齢者介護を行っている方や介護施設から「子ども食堂に参加してもいいですか？」という問い合わせがときどきあります。そうした交流は素晴らしいので基本的には前向きに考えていますが、子どもたちと高齢者では運動量に違いがあります。そのために起こる**事故の危険性や、献立の好みの違いに配慮する必要があります**。その一方で配慮しすぎるあまり、高齢者中心の活動となってしまう可能性もあります。**いつの間にか「おとな食堂」「シルバー食堂」とならないように注意**してください。

　そうしたことにならないように、私たちの子ども食堂では、高齢者をお客様として迎えるのではなくボランティアスタッフとして参加してもらっています。そうすることで、子どもたちと交流しやすくなりますし、必要とされることで元気になってくれます。実際に子ども食堂に参加することで生きがいを見つけたと言ってくれる高齢者もいらっしゃいます。

3 配慮が必要な子ども・保護者との接し方の基本

知っておくことで、いざというときの準備ができる

　子ども食堂を続けていくと、さまざまな子どもや保護者と出会います。中には悩みや問題を抱えている方々もいて、**デリケートな対応**が必要になることもあります。

　いざというときに間違った対応をしてしまわないように、あらかじめ接するときのポイントをまとめておきましょう。もちろん、抱えている悩みや問題は個人によってさまざまですので、これから紹介する内容については、「こうした場合はこうすればよい」という解釈ではなく、**「こうした場合はこういった考え方もある」**ととらえ、それぞれのケースごとに解決策を探るようにしてください。

できることは限られている。適度な距離感と連携を意識

　問題を抱えているように感じられる子どもや保護者に対して、子ども食堂がどこまで関わることができるのか、実際のところまだまだ未知数です。

　専門的なノウハウがすでにある場合を除いて、これから子ども食堂を運営する方には、**率先して難しい問題の解決に取り組むような深い携わり方はおすすめしません。**「自分たちで問題を何とかする」ことよりも「問題を見つけたらしかるべき機関と相談する」ことを原則

にして、**小さな変化を見逃さずにキャッチするアンテナの役割に注力することをおすすめします。**

　子どもや保護者の中には、プライベートな部分まで深く入り込まれるのが嫌な方もいます。いくら自分たちが気になったとしても距離や対処方法を誤れば、逆効果になってしまう可能性もあります。デリケートな問題を発見したときは、**行政や社会福祉士に相談し、プロの意見に従う**ようにしましょう。子ども食堂は問題を解決する役割よりも受け入れる姿勢、つまり「居場所を提供すること」が大切だと思います。

接し方のコツは、「多面性」の理解

　参加者が子ども食堂で見せる姿は一面だけだということも意識しておいた方がよいでしょう。例えば子どもたちは、家庭では子ども、学校では生徒や友だちとして、周りの人との関係性を構築し自分なりの世界を形成しています。子ども食堂に来る保護者やスタッフなどにも同じことがいえます。ママ友の世界、自治会や町内会といった地域の付き合いの世界、仕事や血縁の世界など、ひとりの人がいくつもの側面を持っています。

　そうしたさまざまな世界での付き合い方やポジションがあったうえでの子ども食堂です。**1人ひとりのプライバシーやポジションを理解して丁寧な接し方をするようにしましょう。**そうしなければ子ども食堂を長く続けることは段々と難しくなっていくと思います。例えば、保護者の子育ての批判を他の保護者がいる前ですれば、保護者間の関係性が悪くなるかもしれません。

　その一方で、子ども食堂で見せる一面は、その他の世界では見せないことが多いのも事実です。大人たちは、子どもたちを中心とした善意の活動だからこそ普段見せない優しい一面や積極性などを見せる

気になる子ども・保護者に接するときのポイント

■ 問題解決よりも、居場所の提供を重視
・個人的な問題に立ち入られることが嫌な人もいるので、適切な距離感を意識する
・素人が関わることでかえって状況が悪化することもあるので、対応はプロに任せる。もしくは、相談したうえでできる範囲のことをする
・安心できる「居場所」を提供することに注力する

■ 小さな変化をキャッチする
・笑顔や口数が少なくなったなど、その人の変化をキャッチすることを意識する
・変化に気づいたら専門家を紹介するか、専門家に相談して対処法を検討する

抱えている問題の背景は個人によって異なります。安易な決め付けや、解決策の押し付けは、むしろ事態を悪化させるおそれがある、ということは頭に入れておいた方がいいと思います。

ことがあります。子どもたちも食事やさまざまな年齢の方との触れ合いの中で子どもたちの世界・家族の世界では見せない成長や悩みを見せてくれます。そうした**子ども食堂ならではの一面は決して見逃さずに拾い上げてください**。

4 タイプ別に見た、子ども・保護者との接し方

パターンを理解しておくことで、対処がスムーズになる

　気になる子どもにはいくつかのパターンがあります。そうしたパターンで決め付けてしまうのは危険ですが、目につきやすいパターンを覚えておくことでよりスムーズに対応できるようになると思います。あくまで一例ですが、タイプ別に原因や対策などを紹介していきます。

ついつい騒いでしまう子ども

　楽しくなると騒いで大声を出してしまう子がいます。こうした子どもたちはたいていの場合はテンションが上がってしまって、いつもよりちょっとだけ騒いでしまっているだけの子です。
　そうした場合はひとこと声をかければ素直に言うことを聞いてくれます。なかなか落ち着いてくれない場合でも、**怒鳴らずに静かな口調でゆっくりと、なぜその行動が悪いのかをわかりやすく説明してあげましょう**。なお、そのときに、説明したことすべてを無理に理解させようとしないことが大切です。

大人の気を引くために困ったことをする子ども

　スタッフの注意を引こうとわざと困らせるように騒いだり、暴力的な言葉使いをしたり、ときには他の子をたたいたりする子もいます。こうした子の場合、家庭環境に問題がある場合もあります。例えば、保護者の仕事が忙しく毎日の生活で手いっぱいで、子どもとのコミュニケーションが十分に取れていない場合などです。

　こうした子どもたちに対して1回の子ども食堂で劇的な変化を求めてはいけません。行動を良い悪いの視点だけでとらえるのではなく、子どもの声に共感してみましょう。そして、何度か子ども食堂に来てくれているうちに少しずつ心を開いてくれるのを待ちます。同時に、その子がどんなストレスを抱えているのか原因を考えてみましょう。急いだり、無理に何かをしない方がよいでしょう。

　そうした意味でスタッフの忍耐や気配りなどが試されます。こうした子たちに対して焦ることも、無理強いすることも、無視をすることも、見て見ぬふりをすることもできません。可能な限り自然体でいながら、決して注意をそらさずに関心を持ってゆっくりと時間をかけて心を通い合わせるように接していきましょう。

　しかし緊急を要するようなSOSを子どもたちから受けた場合には早急に対応できるよう、スタッフ間でその子について気づいたことを話し合い、気になることがあれば勉強会を開くなど準備を整えておきましょう。一番よくないのは、大人が偏見の目や色眼鏡で子どもを見て接することです。

託児所代わりに子ども食堂を使う保護者

　保護者にもさまざまな方がいます。中には子ども食堂を託児所代わりにして無理やり子どもを置いて行ってしまう方もいます。第3

章4（103ページ）で説明したように、受付で保護者の連絡先を控えておき、子ども食堂の「本来の意味」を説明するようにしましょう。そうすることで、その保護者は来なくなってしまう可能性もありますが、意味を間違えたままの利用を見過ごしてしまうと、他の保護者にも誤った子ども食堂の利用方法が広まるなどもっと大きな誤解を招くようになります。

地域の中で孤立気味な保護者

　地域の中で孤立気味の保護者の方もいらっしゃいます。そうした保護者には声がけをして、悩みを聞いたり相談を受けたりしましょう。その悩みが自分たちで少しでも解決できるのであれば解決の糸口や手助けを行い、ボランティアレベルでは収まらない難しい問題であれば行政や社会福祉協議会に相談や紹介を行います。

　実際に私たちの子ども食堂にも、他県から引っ越してきて周りに子育てについて相談できる人がいないというお母さんが来てくれました。もちろん、そのお母さんの置かれている環境について最初からわかっていたわけではありません。スタッフが声がけを行いお母さんの話を丁寧に聞いたことで関係性が構築され、少しずつ自分自身のことや愚痴などを話してくれるようになりました。孤立気味な保護者を見かけたら、まずは、共感しながら丁寧に話を聞いてあげるところからスタートしてみてください。

気になる子どもに出会ったときにやってはいけないこと

- ☐ 行動を善悪だけで判断して、その理由を探らずに叱る
- ☐ 子どもたちのペースに合わせずに、感情をあらわにして話す
- ☐ すぐに心を開いてくれることや、説明したことをすべて理解するよう求めるなど、子どもに多くのことを要求しすぎる

5 来てくれる子どもが増えないときにすべきことは？

まずは、子どもたちに評価されることを目指そう

　子ども食堂を始めるからには、来てくれる子どもの人数を増やしていきたいと思うはずです。人数が多ければにぎわいも増しますし、スタッフもみんなに喜ばれている実感が湧いてきます。

　しかし、焦りは禁物です。人数を増やすためには、まずは、子どもたちからの評価を意識することをおすすめします。なぜなら、大人の都合や評価は、子どもたちが自主的に子ども食堂に来る理由にはならないからです。当たり前に聞こえるかもしれませんが、運営側のやりたいことが強すぎると意外とその当たり前に気づかないこともあります。

　具体的には、**子どもたちから「面白い・楽しい・おいしい」といった評価をもらえているかを分析し、改善策を考えてみましょう**。改善策を実行することで、人数が自然と増えていくと思います。そして、「喜ばれ楽しみにされながら、人数も増えていく」結果を実現すれば、対外的にも評価されやすくなります。

子どもの声をちゃんと聞いてニーズをとらえよう

　子どもたちのニーズをとらえるということは、決して人気取りをしようということではありません。「子どもたちにとって有意義で、子ど

参加者が増えない場合に考えるべきこと

- [ ] 子どもたちの「面白い・楽しい・おいしい」が実現できているか見直す
  - **例**「子どもたちに食べてほしい」メニューばかりの献立なら、「子どもたちが食べたい」一品を加える

- [ ] 保護者が「行ってもいい・行かせたい」という気持ちになるような活動になっているか見直す
  - **例** その日のレシピを保護者に共有する。学習支援や体験学習の活動を始めるなど

- [ ] 目立つ子・気になる子に向き合い、できる範囲で成長の手助けをする

> ここが楽しくて必要な場所だと感じた子どもたちは継続的に参加してくれます。また、そうした子が友だちを連れて来てくれます。

もたちに期待される」子ども食堂を目指していれば、それほど難しいことではありません。献立を例に挙げると、「子どもが好きなメニュー」だけで構成するのではなく、<u>子どもたちが好きな物を一品入れたら、もう一品には子どもたちに食べてもらいたい一品を付け加えて</u>、新し

い味覚を味わう感動を伝えてみるのもよいでしょう。このように運営側がさせたいことと子どもたちがしたいことのバランスを取りながら、食事や学習支援、体験などの計画を立てることで、楽しみや感動は増していきます。

もちろん保護者のニーズも大切

そして、保護者のニーズを読み取ることも大切です。基本的に**「子ども食堂に行く」という行為は、子どもの「行きたい！」という気持ちと、保護者の方の「行ってもいいよ」「行ってきなよ」という了承がないと成立しない**からです。そういった意味でも、家庭ではなかなか作らないレシピ、体験できないイベント、苦手なことを教えてあげる学習支援など「楽しくおなかいっぱい食べる」ことにプラスして、保護者が「わが子にどうなってほしいか？」「どんな時間を子ども食堂で過ごしてほしいのか？」についても、保護者や子どもたちの声に耳を傾けながらイメージしてみましょう。

人数が少なくても、あまり気にしない

先ほどの話とは逆説的になりますが、**「人数の少ない子ども食堂に意味がないのか」**ということも考えてほしいと思います。私はそうは思いません。少ない人数でも、最初はそこから始まるものですし、**来てくれている子にとっては大切な居場所になっている**はずです。また、少ない人数であればこそ、子どもたちのちょっとした問題点や変化をすぐに見つけることができます。ちょっとずつでもコミュニケーションをとって、そうした子どもに寄り添える「居場所」をつくっていきましょう。

このような地道な活動をしていくうちに、子ども食堂を必要とし

人数が少ない子ども食堂のメリット

■ 家庭的な温かい雰囲気をつくりやすい

■ 人数が少ない方が運営のハードルが低く、コストも少なくて済む

■ ちょっとした子どもの変化や課題に気づきやすい

最初は、来てくれる子どもの数に気を取られることよりも、できることから丁寧に取り組んでいくことの方が大切です。焦らずに、子ども食堂のレベルアップを目指しましょう

てくれる子どもや保護者が増え、参加してくれる子どもも少しずつ増えていくはずです。ですから、人数にこだわりすぎず、<u>内容を濃くして地道に焦らずに活動を積み上げていきましょう</u>。そうした活動こそが最終的に実を結び評価されていきます。

6 参加人数が増えてきたときに考えるべきことは？

運営の効率化は良いこと？ 悪いこと？

　子ども食堂に来る人数が増えると、ご飯の支度などの準備に時間がかかり、学習支援など食事提供以外の活動の検討も始めていることでしょう。そうすると、どうしても<u>運営のシステム化や役割の徹底、効率化</u>などが求められます。その結果、無駄のない活動を行えるようになり、携わるスタッフや子どもたち、その他の来場者がストレスを感じることなく子ども食堂を楽しめるようになります。

　例えば、私たちの子ども食堂では、食事がもれなくだぶりなく渡せるように、受付時に配った食券と食事を交換する「食券システム」をとっています。

効率化をしても家庭的な雰囲気を残すには？

　その一方で、システム化を進めると、子どもたちが少ない状態で実現できていた家庭的な雰囲気が失われることが心配になるかもしれません。そうならないために、効率だけを求めて余裕をなくしたり、子どもへの思いがない子ども食堂になったりすることは避けましょう。どんなに無駄がなく効率的な飲食店でも、働く人の雰囲気のおかげで、家庭的で居心地の良いと感じられるお店もあります。忙しい状態でも笑顔を絶やさない定食屋さんなどは、その混雑さえ居心地がよ

> **子ども食堂の明るく家庭的な雰囲気を維持するコツ**
>
> ☐ 忙しくてもスタッフの笑顔を絶やさない
>
> ☐ 子どもたち自身が体を動かす体験学習を積極的に盛り込む

いと感じたりもします。<u>子どもたちが何度も来たくなるような雰囲気づくりをイメージして、実践してみましょう。</u>

盛り込む活動によっても雰囲気は変わる

　また、盛り込む活動内容によっても雰囲気は変わってきます。聞いたり・見たりする体験学習であれば、静かな雰囲気になりますし、**<u>収穫体験のような体を動かす内容であれば少々騒ぐぐらいの方が楽しい活動になる</u>**でしょう。遊ぶときは遊ぶ、学ぶときは学ぶ、食べるときは食べる、というように楽しくメリハリのある雰囲気の子ども食堂を運営しましょう。そうすることでその場に応じて必要な態度をとることを子どもたちに覚えてもらうきっかけにもなります。

7 スタッフを増やす／継続してもらうためには？

地道に活動を知ってもらうことから始めよう

　参加人数が増え、にぎわいが増していくと、嬉しさと同時に悩ましい問題も増えていきます。そのひとつにスタッフの人数の問題があります。**来てくれる子どもたちの数が増えたのなら受け入れるスタッフの人数もそれに合わせて増やしていかなければなりません。**

　スタッフを増やすために必要なことは、地道ではありますが、常日頃から子ども食堂の活動の内容や意義を周りの方に伝えて、共感してくれる人や応援してくれる人を増やしておくことです。声がけとともに、**開催告知のチラシにスタッフ募集の一文を入れたり、ブログにスタッフ募集の記事を書いておく**のも効果的です。スタッフ募集の告知を見た地域の方が応募してくださったり、今まで参加してくれたスタッフが知り合いや友人を紹介してくれたりします。近くに大学や専門学校があれば、学生ボランティアの問い合わせが来ることもあります。そうした場所に出向き、参加したいという人を紹介してもらうのもひとつの手です。

　スタッフ募集は告知をどれだけの人に見てもらったか、聞いてもらえたかによって結果が変わってきます。このような「活動の報告・PR」から「新しいボランティアスタッフの応募・紹介」という流れを常に意識しておきましょう。

スタッフ増員のために

- [ ] **子ども食堂の活動を知ってもらう**
  - 活動を知ってくれる人が増えれば、自分も参加したいと応募してくれる人も増えていく

- [ ] **人員募集していることを知ってもらう**
  - 活動を知らせるだけでなく、募集をしていることを告知しなければ応募しにくい。チラシやブログに、人員募集をしていることを記載する

活動への理解を広げる・深める活動は、スタッフ募集でなくても重要です。地道ですが続けていきましょう。

「増やすこと」と同時に大切な「継続してもらうこと」

　スタッフを増やすことと同時に大切なのが、継続して子ども食堂に参加してもらうことです。経験豊富なスタッフがいれば新しくスタッフになった人を育ててくれたり、新しい取り組みの中心となってくれたりと、さまざまな役割を担ってくれます。

　このように、活動を続けるうえで、コンセプトや今までの活動の

経緯を理解してくれている経験豊富なスタッフがとても大切になります。ですから、新しいスタッフを増やすと同時に**今までのスタッフにも長く一緒に活動してもらえるようにすることが大切**です。

スタッフのモチベーションを理解していますか？

　新しいスタッフに対しても、今まで一緒に頑張ってくれているスタッフに対しても重要なことは、**活動に対するモチベーションを保つこと**です。子ども食堂へのモチベーションが下がって活動に疲れてきてしまうと、スタッフは子ども食堂から離れていってしまいます。

　モチベーションは人それぞれです。それぞれの**スタッフが参加してくれた理由は何か、継続してくれているモチベーションの源泉は何かを理解するようにしましょう**。一例ですが、モチベーションの源泉には次ページのようなものが考えられます。

　スタッフ1人ひとりと話し合いの機会を設けるなどして、「この人はどんな思いを持って子ども食堂に参加してくれているのか」「どうしたらその思いを消さずにもっと高めていけるだろうか」「そのためにどんな活動を担当してもらったり、始めたりすればよいのか」などと多角的に考えながら子ども食堂の活動を行っていきましょう。

スタッフのモチベーションの源泉を知ろう

■ 子どもたちの喜ぶ顔をもっと見たい
・学習支援や体験学習など、子どものすぐそばで活動できるような役割を任せる、など

■ 地域にとって大切な活動だから頑張れる
・保護者や学校、協賛企業・行政など、子ども食堂の活動を評価してくれている方々の声をスタッフ間で共有する
・そうした方々と触れ合えるような役割を任せる、など

■ 人とのつながりをもっと増やして地域交流を実感したい
・スタッフ同士の交流や保護者との連携の窓口になってもらう、など

スタッフのモチベーションがどこにあるのかがわかれば、それに近い仕事をしてもらったり、関連するポジティブな評価を積極的に紹介するなど、モチベーションを保ってもらうための工夫ができます。

8 連携団体・企業を増やす／継続してもらうためには？

連携団体・協力企業を増やして、よいサイクルを生み出そう

　連携団体や協力企業が増えていくと資金や食材・物品の提供、キーパーソンの紹介などさまざまな支援が受けられるようになると思います。そして、支援者が増えることでさらに活動が広がって充実したものになり、その活動を知って共感してくれる支援者もまた増えていきます。子ども食堂は地域の活性化・交流の促進を担うことのできる活動ですから、支援してくれる地元の企業や団体が増えることで、より地域から必要とされる存在となっていきます。そして、団体・企業からの協力もスタッフと同じで、数を増やすだけでなく継続していただくことがとても大切です。

支援の意義を感じてもらうことが大切

　支援を受けたら、その支援を継続してもらうことを意識しましょう。支援元の団体・企業は、自分たちの子ども食堂の意義を評価したからこそ、支援してくれています。ですから、**その支援を受けたことで、自分たちの活動がより良くなったことを示すことが、支援の継続に重要です**。具体的には、支援のおかげで以前から評価をいただいていた活動がさらに充実したことや、新しい活動に取り組むことができたことを報告するとよいでしょう。それができずに、子ども食堂の活

支援継続のためのポイント

☐ **支援によって、活動が良くなっていることを報告する**
・支援の意義を感じてもらうことが支援の継続にもつながる

☐ **支援者とwin-winの関係を目指す**
・支援の裏には、支援者の負担がある。支援していただいた内容を子ども食堂を通じてPRするなど、相手にもメリットを感じてもらえるような活動を意識する

> 活動を続けていると、支援してくれる団体や企業とつながる機会が訪れます。長く関係を保てるように支援を受けた場合はこのようなことを意識しましょう。

動が現状維持の状態が長く続けば、支援の意義を感じてもらえず、支援も徐々に減っていくかもしれません。

支援者のメリットを考えることも大切

　企業からの支援で一番期待することは金銭・物品の支援だと思います。具体的には、活動の維持に必要な運営費の一部負担や食材など

の提供ですが、そのどちらも企業にとっては金銭的な負担になっていることを認識しましょう。支援を継続してもらうためには、**企業の担当者の方が社内を説得できるような「支援の対価」を示すことが重要です**。お互いを必要とし、支援を行い合う相互協力の関係が望ましいです。

具体的には、第2章7（66ページ）でも紹介したように子ども食堂のチラシやブログで協力していただいた内容を告知し、その企業が活動にどれだけ貢献しているのかを利用者や地域の人々に知ってもらいましょう。このように、**地域における企業ブランディングに貢献することによって、支援してくれた企業にメリットを提供することができます**。

支援企業のPRは子ども食堂の信頼にもつながる

もちろん「善意の支援なので」といって企業PRを辞退する企業もあります。また、善意の活動である子ども食堂で、営利企業のPRを行うことに抵抗があるスタッフがいるかもしれません。しかし、基本的には、支援をいただいたことをちゃんと告知・報告することは大切だと思います。

地域のさまざまな団体や企業に支えられていることを紹介することは、子ども食堂自体の信頼向上にもつながります。それが、参加してくれる子どもや保護者の安心感を生むことになります。ですから、支援を受けるだけでなく協力できる部分はしっかりと行うようにしましょう。

9 行政との関わり方のコツ

行政への報告、相談、関わり方

　子ども食堂を続けるには、行政との関係構築を避けることはできません。関係を構築していれば第2章7（66ページ）で紹介したようにさまざまな支援を受けることができるかもしれません。仮に直接的な支援を受けられなくても、間接的に支援や協力を受けていることをチラシやブログなどで示すことで、**子ども食堂の信頼度を高める**こともできます。

　市区町村によって子育て支援状況や少子化対策などの状況が違いますが、基本的には、子育て支援・地域活性化・貧困対策・学習支援・世代間交流など、子ども食堂が果たすことのできる役割のいずれかに興味を示し、ある程度の話を聞いてくれるでしょう。最初はそうした<u>初歩的なところから始めて、最終的には信頼できる団体だ、という評価をもらえるまで、関係を深めていきましょう</u>。

今は連携していなくても、長期的な関係構築が大切

　<u>行政との関係は一朝一夕にはつくれません</u>。長い時間と実績が必要となります。なぜなら、行政が使うお金は税金ですので、子ども食堂への支援を決定するためには、時として企業や他団体より精度の高い判断材料が必要となるからです。ですので、可能な限りこちらから

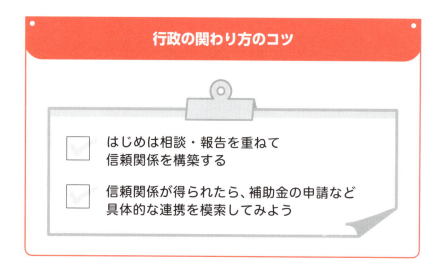

出向いて、報告や相談を行って情報の提供と関係構築を行っていきましょう。行政側でも子ども食堂の運営の方法や実態などを確認したいと思っている場合がほとんどですから、最初は「子ども食堂を始めたい」という相談からスタートして、「子ども食堂を始めてみてわかった課題」、「今後の予定や改善方法」などについて報告を行いましょう。このように、**子ども食堂が進化している現状を伝えながら、報告や相談を重ねていく**ことで、行政側もますます興味を示してくれるでしょう。

信頼が得られたら、補助金の申請にもトライしてみよう

信頼や評価が得られたら、子育て支援・地域活性化など、子ども食堂の活動と合致する補助金制度に申請してみましょう。一度の申請で予算が通ることは難しいと思いますが、**予算が通らなくても行政の予算検討のテーブルに子ども食堂の活動を上げておくことも大切なこと**です。そうした積み重ねもまた評価の対象となるでしょう。

継続のために、お金の問題を考えよう

お金の問題は避けて通れない

　子ども食堂の運営には、常にお金の問題がついて回ります。会場使用料や人件費は0円に抑えることができるかもしれませんが、食材費や印刷代、保険料などには、どうしてもお金が必要となります。特に、活動が評価されて協賛金や補助金をいただけるようになるまでは、子ども食堂の活動の維持と拡大を行うためのお金に苦労することが予想されます。

　道半ばで**金銭的な問題から活動を中止してしまうのは、自分たちにとっても、継続して参加してくれている子どもたちにとっても、とても残念なこと**ですから、前もってお金の問題に備えておくことをおすすめします。最初は個人的な持ち出しでまかなう場合もあると思いますが、できるだけ早くそうした状況から抜け出すことが、子ども食堂を継続していくために必要です。

よほどの余裕がない限りは、節約を考えよう

　第2章3（44ページ）でも説明しましたが、だいたいの場合、毎月かかる経費は、食材費、会場使用料、印刷代、保険代と決まっています。それらを合算し、毎月かかる経費を計算して予算を確保しておきます。

予算が足りないのであれば、それら4つの**費用を抑えるか、収入を増やすかのどちらかの方法しかありません**。そのため、予算によほどの余裕がない限りは、費用を抑えて金銭的な負担を減らすことをおすすめします。その考え方については第2章3（44ページ）で紹介していますので、そちらを確認してください。

協賛金・補助金を得るために必要な準備とは？

　子ども食堂の収入は、協賛金・補助金などの外部からの金銭的な援助が中心になることが多いと思います。このうち、行政からの補助金を得るには、活動実績が求められる場合が多いので、**実績を示す各回の参加人数、参加者の感想、協力団体・企業などのデータなどを、収集し常に整理しておくとよいでしょう**。

　企業・団体からの協賛金については、活動に共感してくれた経営者の判断で援助をしていただける場合と、チャリティ企画を開催した団体・企業が得たお金を協賛金としていただける場合などがあります。どちらにしても子ども食堂の活動への「共感」が大切なので、**自分たちの活動のコンセプトは何で、それを達成するためにどのような努力を重ねてきたのかを整理してプレゼンテーションの準備をしておくとよいでしょう**。

　このように、自分たちが目指す方向をきちんと確認し、それに対しての実績を目に見える数値などで整理しておくことが大切になります。

安定した資金が得られやすい「会費」形式

　今まで紹介してきたように、企業・団体や行政からのサポートはとてもありがたく、そうしたサポートが子ども食堂の運営の要になる

と思います。しかし、それらに頼りすぎると危険なこともあります。**協賛金や補助金は用途に制約があることが多いため、自分たちの活動の幅が狭くなってしまったり、サポートが打ち切られた場合に子ども食堂の活動が立ち行かなくなったりする**からです。

　ですから、協賛金・補助金だけでなく、自分たちで自由に使える資金を準備することをおすすめします。例えば第2章4（52ページ）で紹介したように子ども食堂の活動を応援していただいいている**個人の方々に、サポーターとして月ごとに決まった金額を寄付していただく形式をとることで、ある程度安定した資金を得ることができます。**その場合、一口2,000円程度の応援しやすい金額にすることをおすすめします。小口で高額の資金を得るよりも、少額でもたくさんの人から、広く浅く寄付を募った方が資金面では安定します。なお、毎月ではなく単発で寄付をしてくださる方もいらっしゃいます。できるだけ、寄付をしたい方が無理せず寄付ができるように間口を広げておきましょう。

自主独立のすすめ

　そして、会費以外にも独自の収益の形をつくり、自主独立のスタイルを目指すことをおすすめします。フリーマーケットなどに出店して不用品の販売を行ったり、チャリティイベントを開催して収益金を子ども食堂の運営費にあてたりして、外部の支援が得られなくなったとしても継続できるように、自分たちだけで行えることを常に考えておきましょう。

お金の問題に対処する方法

■ 節約できる出費がないか見直す
・食材費／会場使用料／印刷代などを見直す

■ 協賛金・補助金の申請を行う
・まだ実績がなくても、企業や行政との関係構築を意識して行動する
（申請できる補助金の条件や、どういった活動なら支援できるのかなどの情報をもらえることもある）
・タイミングを逃さずに申請ができるよう、必要なデータや資料などを整理しておく

■ 自由に使えるお金の調達方法を検討する
・サポーターを募り、会費形式とする
・フリーマーケットや自主的なイベントなどで収益を得る

どれかひとつの方法だけで対処するのではなく、複数の選択肢を持っていた方が運営は安定します。お金のために活動を中断しないように、自分たちの活動に合った方法を模索してみましょう。

COLUMN　コラム

「私が出会った子ども」①

　静岡市子ども食堂ネットワークでは参加条件を設けていないので、さまざまな環境の子どもたちがたくさん来ます。なぜ、参加条件を設けていないのかというと、本当に援助を必要としている子どもたちに援助を届けるためには、条件を決めずに分け隔てなく届ける方法が、子どもたちが来やすく・負担をかけずに・さりげなく援助ができると考えているからです。私自身、両親が共働きで、兄弟の長男として孤食環境で育ったせいかもしれませんが、あまり大げさに「援助」という言葉が全面に出ると「子どもの頃の自分だったら行きにくいな」と感じていることも理由のひとつかもしれません。

　そんな思いを持っていると、子ども食堂に来る子どもたちの中でも、やはり自分の子どもの頃の環境に近い子たちに目がいってしまいます。「親から愛されている実感があまり持てない」「自分に自信を持てなくて、そのために人とうまく関われない」ような子どもたちです。そうした子どもたちはおとなしかったり、変に冷めた態度をしたり、妙に懐いたり、騒いだり困らせたりといった問題行動を起こすことも少なくありません。

　ある日、ひとりの小学校高学年の男の子が子ども食堂に来ました。せっかく来てくれたのに同級生から傷つけられる言葉を言われ、ちょっと目を離した間に食事もせずに帰ってしまいました。学校でも彼は同じようなことを言われていたに違いありません。私はスタッフに「次にその子が来たら、そのときは絶対に帰さないように。よく話をするように」と伝えておきました。

　　　　　　　　　　　　　　　（つづく　158ページへ）

memo

立ち上げ／
運営を行うあなたへ

子どもたちや保護者、そして地域の人々から愛され、必要とされる子ども食堂をつくるために、運営に携わる人間が意識しておくべきことを最後にまとめました。

1 今だけでなく、数年後を見据えて活動しよう

「流行だから」だけでは続かない

　今現在、子ども食堂の活動はメディアや行政、そして、地域の方々からも注目されています。これは、貧困や孤食など社会問題になっているような課題を抱えている子どもたちや保護者に対して、地域の住民の方々が中心となり善意の気持ちで行っている、目新しい活動だからです。

　こうした新たな取り組みは注目されやすいのですが、**子ども食堂の活動が目新しいものでなくなっていけば、段々と注目されなくなるでしょう**。そのとき、あなたは何を思うのでしょうか。もし、「注目されているから」という動機で子ども食堂を始めたのなら、「注目されなくなったら止める」ことになるかもしれません。「今、流行っているから」「今、注目されているから」という考えで子ども食堂を立ち上げようとしているなら、止めた方がいいかもしれません。**流行はいつか廃れます**。はたして、子ども食堂もいつかは廃れるのでしょうか？

話題先行ではなく、本当に必要とされる存在になるには？

　流行という意味では廃れると思います。しかし、話題性で評価されるのではなく、**地域に根付いて、必要としてくれる人がいるから評**

本当に必要とされる存在になるために

 最初に考えたコンセプトに立ち返って考えてみる

・コンセプトには、子ども食堂を立ち上げたときの数年後の未来像が書いてあります。現状の課題を受け止めつつ、コンセプトが実現できるよう努力と改善を重ねていきましょう。

 参加者やスタッフの声を聞く

・子どもたちの反応、保護者からのクレーム、スタッフからの指摘などは、子ども食堂を改善するための重要なヒントになります。見逃さないようにアンテナを張っておきましょう。

 活動を始めると、さまざまな課題が出てきます。より良い子ども食堂をつくるための通過点ととらえて、改善する過程を楽しめるように意識してみましょう。

第5章 立ち上げ／運営を行うあなたへ

価されているという存在になれば、子ども食堂は廃れないと私は思います。つまり、注目されなくなっても、その地域の子どもたちと保護者にとって当たり前で大切な存在になればよいのです。そうなるためには、どうすればよいのでしょうか。

数年後を見据えて努力を重ねていこう

　そのひとつの答えとしては、**数年後を見据えて活動すること**だと考えています。もちろん立ち上げ当初は、長く続けていく保証も自信もない場合が多いと思いますが、「数年は続けよう」という気持ちがないと継続は難しくなります。なぜなら、将来はこんな子ども食堂をつくりたいという未来を見据えているからこそ、さまざまな問題に対して、その場あたりの対応ではなく、今後の質の向上につながる改善を積み重ねて成長していけるからです。そして、1つひとつの改善が着実に実績につながり、地域から必要とされる子ども食堂へとつながっていくのです。

焦らず、諦めず、成長するイメージを持ち続けよう

　子ども食堂を立ち上げた当初は、そのときすでに子ども食堂を運営している方々と比べてしまい、組織の規模、組織の管理・運営の方法、金銭的余裕、連携協力できる相手の多さなど、さまざまな面で見劣りすると感じることもあると思います。しかし、**最初は自分たちでやれること、つまり、最小限の規模と内容から始めて問題ありません。**小さなところから始めても、自分の理想や地域のニーズを意識ながら改善を積み上げていくことで、1年後、2年後には、想像もしていなかった効果や規模になっているかもしれません。ですから、諦めず、焦らずに継続し、成長するイメージを持ち続けましょう。

　また、今現在、子ども食堂を運営している方々は「今の内容がベストなのか？」「成長・改善する努力を怠っていないか？」などと常に自分の行動をチェックして、子ども食堂の運営をより良いものにしていきましょう。

2 子どもたちのために、という思いを貫こう

子ども食堂に携わる人の共通の思い

　子ども食堂の根幹とは何なのかと考えると**「子どもたちに少しでも良い環境を提供したい」という気持ち**なのではないかと思います。子ども食堂の活動は、自分の家族や身内ではない子どもたちのために食事を提供したり、さまざまな支援を行うものですが、何かしらの見返りを求めているという人は少なく、先ほど紹介したような思いを持って活動に関わっている人がほとんどなのではないでしょうか。もちろん、スタッフの中には「労働の対価」という意味で金銭的な補助を受けている人がいるかもしれません。しかし、それはあくまで結果であり、また、活動を続けていくための原資であって、目的ではないはずです。

子どもたちのために、という軸がぶれないようにしよう

　そうした、子どもたちへの思いを行動で表す場が子ども食堂なのですが、そこで価値観の押し付けや、独りよがりの行動をしてしまうと誤解を招くこともあるでしょう。子ども食堂は、さまざまな年齢や立場の人々が携わるコミュニティです。そこには、当然さまざまな価値観や思いがあります。そのため、**立場や考え方が異なる人々をまとめるためには、みんなが納得できるようなシンプルな考え方が大切**で

す。それこそが「子どもたちに少しでも良い環境を提供したい」という思いであり、そのために何ができるかを考えることです。

　地域から必要とされる子ども食堂に成長するため、多くの場合、食事支援だけでなく活動の幅を広げていくことになると思います。成長していく先は貧困支援なのか、あるいは孤食対策なのか。その他にも、子育て支援・食育推進・地域活性化・世代間交流・学習支援・居場所づくりなどさまざまな方向性があります。「子どもたちに少しでも良い環境を提供したい」という思いからの行動であれば、そのどれもが正しいですし、ひとつに絞っても複数の活動を含んでいても構わないのです。

思いは受け継がれ、善意のバトンリレーが生まれる

　子どもたちの今を助けつつ、**将来大人になる子どもたちに善意の記憶とさまざまな思い出を受け渡していきましょう**。それができれば、大人になった子どもたちが、また新しい形で地域とそのときの子どもたちのために素晴らしい活動をしてくれているかもしれません。私は子ども食堂の活動が、そうした善意のバトンリレーにつながっていくことを期待しています。

3 子ども食堂を、みんなの居場所にしよう

立ち上げる人がいなければ、子ども食堂は生まれない

　子ども食堂を立ち上げるには、少なからず勇気が必要です。「志半ばで継続できなくなるかもしれない」「誰かに迷惑をかけることになるかもしれない」「自分自身が恥をかくかもしれない」、そんなネガティブなことを想像してしまって、先に進むことを躊躇してしまうこともあるでしょう。しかし、当たり前のことではありますが、<u>立ち上げる人がいなければ、その地域に子ども食堂は生まれません</u>。

　活動に参加してくれるスタッフも、食材や資金を提供してくださる方々も子ども食堂への思いがあるからこそ協力してくださっています。つまり、誰かが始めないことには、そうした思いを形にできないのです。

　ですからまず最初に、<u>この本を手にした方が勇気を持って立ち上げ、みんなの思いを集めながら、その地域の子どもたちが楽しみにしてくれるような子ども食堂をつくってくださることを願っています</u>。そして活動を続けるうちに、「子どもたちに少しでも良い環境を提供したい」という子ども食堂の理念に共感してくださる方が増えていきます。それによって、安心して子どもたちが暮らせる地域づくりにも間接的に貢献できると考えています。

子どもたちのために、保護者のために

　子どもは有り余るエネルギーを持っていますから、そのエネルギーを適切に使えずに問題を起こすことがあります。子育てには多くの根気とエネルギーが必要です。核家族化・少子化が進んだ現在では、私たちが育った子ども時代とは違い、子育てが家庭の中で完結してしまうことが少なくなく、子どもたちが暮らす環境も窮屈になってきている気がします。

　こうした中で保護者の方々は毎日手探りで、一生懸命子育てをしています。そしてそれは、私たちの親もそうだったはずです。どんな時代でも子育ては真剣勝負で、親が子を思う気持ち自体は変わらないのです。

　さまざまな世代が集い、子育てのヒントを得ることができる子ども食堂は、そうした保護者の方々を助ける存在になることができますし、そのような存在となることを目指してほしいと思っています。

運営スタッフのために

　子ども食堂のスタッフは、そうした子育ての大変さと喜びとを、ある意味で一緒に楽しむことができます。育児を体験していないスタッフは、その楽しさと大変さを知ることができます。育児を終えているスタッフは、育児の素晴らしさを再確認できます。このように、**子ども食堂は、子どもたちと保護者のためだけでなく、運営する側にも大切な場所になります**。そのような観点も忘れずに運営をしていだけければと思います。

最後に

　立ち上げ・運営・継続を行っていく間には、大変な事柄もきっと発生するでしょう。周囲の理解を得られずに苦しむこともあるかもしれません。でも**それ以上のものを子ども食堂の活動で得られるはず**です。その感覚は「子育て」と近いものがあると感じています。

　この本を読んで行動に移そうと思った方や、行動を起こした方を応援しようと思った方がひとりでも増えてくれることを願っています。そうして、たくさんの子どもたちの笑顔を咲かせることができる子ども食堂が生まれ、育っていくことを願っています。

COLUMN コラム

「私が出会った子ども」②

　(147ページから) その男の子は次の子ども食堂にも来てくれました。スタッフとその男の子の話をさりげなく聞いていると、その子は「自分は子ども食堂には来ちゃいけないんだ」と話していました。

　私は彼の気持ちがよくわかりました。傷つくような言葉を友だちからかけられ、自分を肯定することができず自信がないのです。自信がないから人とのつながりを求めても、つながり方がぎこちなく、上手に行えなくて結果的に傷ついてしまいます。そうして少しずつ色々なことを諦めていくのです。

　スタッフは私の指示通りに一生懸命に彼の話を聞いて、つなぎとめていました。一度傷ついたのに、勇気を持って子ども食堂にもう一度来てくれた彼の気持ちを考えると二度目の失敗は許されなかったからです。結局その日は子ども食堂で食事をして行ってくれました。

　そのときの様子を後でスタッフから「話し方とかちょっと癖があって、特徴的な男の子だったけれど『次もまた来る』と言ってくれました」と報告を受けて、私は安心しました。スタッフと彼との間で小さくても人間関係が構築できたからです。

　彼はそれから毎回子ども食堂に来てくれて、ついに中学生になりました。中学生になっても子ども食堂に来てくれていて、今では自分からボランティア活動をしてくれるようになったと聞いています。

　こうした子どもたちとの出会いによって、子ども食堂が、子どもたちにとって楽しみの場にも救われる場になっており、大切な居場所になっているのだと感じます。また、必要とされる子ども食堂を続けていきたいという気持ちが、私たちスタッフの心に新たに湧いてくるのです。

本書内容に関するお問い合わせについて

このたびは翔泳社の書籍をお買い上げいただき、誠にありがとうございます。弊社では、読者の皆様からのお問い合わせに適切に対応させていただくため、以下のガイドラインへのご協力をお願い致しております。下記項目をお読みいただき、手順に従ってお問い合わせください。

●ご質問される前に

弊社Webサイトの「正誤表」をご参照ください。これまでに判明した正誤や追加情報を掲載しています。

　　正誤表　https://www.shoeisha.co.jp/book/errata/

●ご質問方法

弊社Webサイトの「刊行物Q&A」をご利用ください。

　　刊行物Q&A　https://www.shoeisha.co.jp/book/qa/

インターネットをご利用でない場合は、FAX または郵便にて、下記"翔泳社 愛読者サービスセンター"までお問い合わせください。
電話でのご質問は、お受けしておりません。

●回答について

回答は、ご質問いただいた手段によってご返事申し上げます。ご質問の内容によっては、回答に数日ないしはそれ以上の期間を要する場合があります。

●ご質問に際してのご注意

本書の対象を越えるもの、記述個所を特定されないもの、また読者固有の環境に起因するご質問等にはお答えできませんので、予めご了承ください。

●郵便物送付先およびFAX番号

　　送付先住所　　〒160-0006　東京都新宿区舟町5
　　FAX番号　　　03-5362-3818
　　宛先　　　　　（株）翔泳社 愛読者サービスセンター

※本書に記載されている情報は、2017年12月執筆時点のものです。
※本書に記載された商品やサービスの内容や価格、URL 等は変更される場合があります。
※本書に記載されている会社名、製品名はそれぞれ各社の商標および登録商標です。
※本書の出版にあたっては正確な記述につとめましたが、著者や出版社などのいずれも、本書の内容に対してなんらかの保証をするものではなく、内容やサンプルに基づくいかなる運用結果に関してもいっさいの責任を負いません。

著者プロフィール

飯沼 直樹（いいぬま なおき）

1970年静岡市生まれ。一般社団法人バンビワゴン代表理事、静岡市子ども食堂ネットワーク理事長。

自身の子ども時代の体験や子育ての経験から子育て支援活動に関心を持ち、移動型授乳施設バンビワゴンでの幼い子どもがいるお母さんのサポート、子ども食堂の開設、そして地域活性化に関するイベントの開催など、さまざまな活動を行っている。2017年には、これまで培ったノウハウを活かして子ども食堂の立ち上げ・運営をサポートする静岡市子ども食堂ネットワークを設立。

子育て支援や子ども食堂の活動について、テレビや新聞でのメディア掲載や企業・行政での講演実績も多数。

静岡市子ども食堂ネットワーク　https://shizuoka-kodomo.com/
運営をサポートしている子ども食堂の取り組みや開催情報などを紹介しています。

購入者特典
スタッフ間のスケジュール共有に便利な Excel データや告知チラシのサンプルデータがダウンロードできます。データの詳細は 86、93 ページをご覧ください。
ダウンロード URL：https://www.shoeisha.co.jp/book/present/9784798153667
※ SHOEISHA iD（翔泳社が運営する無料の会員制度）のメンバーでない方は、ダウンロードの際、会員登録が必要です。

装丁	河南 祐介（FANTAGRAPH）
カバーイラスト	中川 貴雄
本文デザイン・DTP	BUCH⁺

地域で愛される子ども食堂
つくり方・続け方

2018 年 1 月 31 日　初版第 1 刷発行
2022 年 12 月 10 日　初版第 2 刷発行

著　者	飯沼 直樹
発行人	佐々木 幹夫
発行所	株式会社翔泳社（https://www.shoeisha.co.jp）
印刷・製本	日経印刷株式会社

© 2018　Naoki Iinuma

* 本書へのお問い合わせについては159ページに記載の内容をお読みください。
* 落丁・乱丁はお取り替えいたします。03-5362-3705 までご連絡ください。
* 本書は著作権法上の保護を受けています。本書の一部または全部について、株式会社翔泳社から文書による許諾を得ずに、いかなる方法においても無断で複写、複製することは禁じられています。

ISBN 978-4-7981-5366-7　　　　　　　　　　　　　　　　Printed in Japan